自分を活かし成果を出す

ドラッカーの言葉

桑原晃弥

人は常に学び続けなければならないし、変わり続けなければならない

P・F・ドラッカーは日本の経営者に最も愛された経営コンサルタントの一人と言えます。もちろん世界的にも、世界で最も時給が高い人物として有名であり、世界的ベストセラーもたくさん出していますが、なかでも日本では「私は新入社員時代にドラッカーの本を読み、その通りにやってきた」と言う経営者がいるほど愛読され、尊敬もされてきた人物です。

あるいは、２００９年に出版され、映画化もされた『もし高校野球のマネジャーがドラッカーの「マネジメント」を読んだら』（ダイヤモンド社）によってドラッカーの名前を知り、本を読むことになったという人もいるかと思いますが、たしかにこれほどに一般の人にまで名前が知られた経営コンサルタントはあまりいないのではないでしょうか。

ドラッカーは、マネジメントの発明者と言っていいほどの存在ですが、それ以上

に注目すべきは、今起きている社会の生態を観察して、5年先、10年先の未来を的確に予測してきたことです。

　未来というのはいきなり現れるわけではありません。はっきり変化となって現れる前にはいくつもの予兆があり、本書でも触れた出生率のように「起きることが確実な未来」も存在します。

　ところが、人間には厄介な性質があり、目の前の緊急な課題にはすぐに対処するものの、遠い未来の緊急な課題に関しては「まだ先のことだから」と先送りする傾向があります。そしてその時が間近に迫って初めて慌て始めるというのがほとんどですが、なかにはそんな未来に向けて着実に手を打ち続けることで大きな成果を手にする人もいます。

　ドラッカーはそんな未来を予測することで企業のありようについて考えることを求めた人ですが、同時に企業などの組織で働く人に向けてさまざまな提言をしたことでも知られています。

　そんな提言の中で、今の私たちに最も身近に感じられるものの一つが「知識労働者は、雇われている組織よりも、結果として長生きする」であり、「働く期間は50

年にも及ぶことになる。その間も、常に若々しく、生き生きと働かなければならない」といった1990年代にドラッカーが行った提言です。

たしかに「人生100年時代」と言われるようになると、人はこれまで当たり前と感じていた生き方とは違う生き方を求められることになります。学生から社会人となり、定年を経て第二の人生をいかに生きるかが問われていた時代から、社会人となっていくつかの仕事を経て初めてかつての「余生」を生きることになります。しかも、そこにはＡＩの著しい進化といった誰も経験したことのない時代が待ち受けています。

では、こうした経験のない時代をいかに生きればいいのでしょうか。ドラッカーが言っているのは「絶えざる継続学習」であり、「変わり続けていくこと」です。変化の激しい時代、どんな優秀な人もこの二つを怠ればどこかの時点で「ただの凡人」となり、「昔は優秀だったけどね」と言われる人になってしまうのです。

ドラッカーは実は最初から優秀だったわけではありません。大学に入学したものの勉学に飽きていたドラッカーは、大学に通いながらも商社の見習いとなり、夜は安い席の切符を手にオペラを楽しむような学生でした。しかし、ある時から「完全を求めて生きる」ことを自らに課し、①一つのことに集中して勉強する　②定期的に過去の仕事について反省する——ことでやがて世界的コンサルタントへと成長していったのです。

そんなドラッカーだからこそ「人は常に学び続けなければならないし、変わり続けなければならない」と強調するのです。これから来る未来を確実に予測することは誰にもできませんが、常に学び、変わろうと努力することで人は変化に流されるのではなく、変化の中を泳ぎ切ることができるのです。

本書にはドラッカーのさまざまな言葉が載っています。なかには経営者向けの言葉もありますが、読みようによっては「わがこと」として捉えられるものもたくさんあります。本書を読み、「いいことを言っているな」と感じたら、是非、身に付け実行してみて下さい。本書には必ず「自分にとってのドラッカー」があり、生きていく上での示唆に富むものがあるはずです。

本書がみなさまの未来を切り開く力となれば幸いです。

本書の執筆と出版にはリベラル社の伊藤光恵氏、山田吉之氏、仲野進氏にご尽力いただきました。心より感謝いたします。

桑原　晃弥

第一章　仕事で成果をあげるための言葉

第二章 自分を活かし成果を出すための言葉

第三章 人を活かすための言葉

第四章 変化を恐れず機会とするための言葉

第五章 「学び続ける」ための言葉

第六章 組織とチームを活かすための言葉

第七章 イノベーションを起こすための言葉

第八章　リーダーのための言葉

WORDS OF PETER DRUCKER

第一章

仕事で成果をあげるための言葉

WORDS OF PETER DRUCKER

01

優先順位を間違えるな

より重要な仕事から逃れるため、つまらない仕事に時間を潰《つぶ》そうという誘惑が常にある。

▼『経営の適格者』

仕事の中身を「重要度」と「緊急度」によって仕分けすると仕事の優先順位をつけやすくなります。

たとえば、一週間後に迫った新商品のプレゼンテーションなどは重要度も緊急度も高く、「今すぐにやるべき仕事」となりますが、締め切りまでの余裕があれば重要度は高くとも緊急度は低くなります。毎日の提出が必要な日報の作成などは重要度は高くなくとも緊急度は高くなり、溜まっている書類の整理などは重要度も緊急度も低くなります。

こうすれば「何から手を付けるべきか」は一目瞭然なのですが、ドラッカーによると、なぜか人間には重要で緊急性もあり、「今すぐやるべき」なのに「難しそうだから」「面倒だから」とつい後回しにする悪い癖があります。結果、どうでもいい書類仕事に時間をあて、気が付けば肝心の仕事をやろうにも「時間が足りない」となることがよくあります。

大切なのは、仕事の優先順位を決めたなら「すぐにやる」ことです。やるべきことは決して先延ばしせず、「つまらない仕事に時間を潰そうという誘惑」から逃れることも、成果をあげるためには重要なことなのです。

WORDS OF PETER DRUCKER 02

「会議過多症」に気を付けろ

ある組織では、
会議が仕事から逃げ出す手段に
なってしまう。

▼『経営の適格者』

「会議」に関するドラッカーの言葉には厳しいものがあります。たとえば、「人は、仕事をするか、会議に出るかである」「会議は懇談ではなく仕事の場としなければならない」といった言葉や、「ある組織では、会議が仕事から逃げ出す手段になってしまう」はかなり辛辣《しんらつ》な言葉と言えます。こうした言葉に「その通り」と頷《うなず》く人も多いはずですが、現実には、やたら会議を開きたがる人や、会議に出席することこそ重要な仕事だと勘違いしている人もいて、何も決まらず、何も生み出せない会議がたくさんあります。

多すぎる会議は、組織や個人から時間を奪い、仕事をかえって遅くしていきます。もし労働時間の25%以上が会議に費やされているとしたら、会議過多症だというのがドラッカーの指摘です。そんな自覚があればすぐに変えた方がいいでしょう。たとえば、座るのではなく立って会議をするとか、課題があれば今集まれる人だけで話し合えばいいし、その一方でリーダーは参加者全員が必ず一回は発言できるように心がけ、会議が終わったら内容をまとめ、「何をいつまでに誰がやるか」を決めてメモを渡すのも一つの方法です。会議をするのは「原則」ではなく「例外」である方が望ましいのです。

WORDS OF PETER DRUCKER 03

計画は必要だが縛られるな

計画なくしてはすべて成り行き任せとなる。途中で計画のチェックを怠ると、意味のあるものとないものを見分けることすらできなくなる。

▼『経営者の条件』

「自分たちが立てた計画に奴隷のように従うのはバカげている」は、アマゾンの創業者ジェフ・ベゾスの言葉です。インターネットという変化の激しい世界でビジネスを展開していると、当初の計画では考えられないことが次々と起こりますが、にもかかわらず「一旦計画を立てた以上その通りにしないと」などとやっているとせっかくのチャンスを逃し、あっという間に競争に敗れてしまいます。成長し続けるためには「計画に奴隷のように従うな」がベゾスの鉄則です。

では、計画が不要かというとそうではありません。創業前、ベゾスはとても緻密な計画を立てています。計画を立てることは問題を整理することであり、成功への道筋をはっきりさせることです。「計画は立てろ、しかし柔軟に変化し続けろ」が成功のためのルールなのです。

ドラッカーはベゾスの数十年前からこのルールを口にしていました。そしてこれは今の私たちに通じるルールでもあります。

緻密な計画はスムーズなスタートを約束してくれます。一方で計画には想定外もつきものなのです。そんな時、どれだけ臨機応変な対応ができるかどうか、そこに成功の鍵があるのです。

WORDS OF PETER DRUCKER 04

あれもこれもより、一つに集中を

われわれは優先する仕事を決定したあとで迷い始める。そして結局、何も成し遂げない結果に終わる。

▼『経営の適格者』

仕事で成果をあげるうえで最も大切なことは何でしょうか。マイクロソフトの創業者ビル・ゲイツは即座に「集中」と答えていますが、それはドラッカーも同様です。やるべき仕事に比べ、行うべき時間はいつも不足しています。仕方なく一度にあれもこれもとなってしまうと、ドラッカーが言うように、結局は「すべての仕事を少しずつやり、何も成し遂げない結果に」終わってしまうのです。

では、そうならないためにはどうすればいいのでしょうか。ドラッカーによると、最も良いのは「最も重要なことから始め、しかも一度に一つしかしない」ことなのです。一つの時間には一つの仕事に集中することです。ほかの問題や仕事は一旦遠ざけて、持てる時間と能力のすべてを一点に集中します。そうやって一つの仕事が終わったなら、次の仕事に移り、そこでも一点集中主義で臨みます。

やるべきことが多すぎる時は片っ端から手を付けるのではなく、少しだけ時間をかけて「まず何をすべきか」を考えてみることです。

時間と労力と資源を集中すれば、結局はやれる仕事の数も種類も多くなるのです。

WORDS OF PETER DRUCKER 05

すべてのアイデアに敬意を

アイデアは、
1000のうち一つか二つしか
育たない蛙の卵に似ている。

▼『実践する経営者』

『トイ・ストーリー』などの大ヒット作で知られるピクサー・アニメーション・スタジオには、こんな標語があります。

「どんなアイデアでも常に歓迎されなくてはならない」。

一般の企業でもそうですが、たとえば、みんなに「アイデアを出せ」と言ったとしても、出てくるアイデアのすべてが「すごい」ということはまずありません。その中には「何てバカな」というアイデアがたくさん含まれています。

では、「そんなアイデアなんか言うんじゃないよ」と、最初からシャットアウトしたら何が起こるでしょうか。

「アイデアを出せと言われたから出したのにバカとはなんだ」と反発され、誰もアイデアなど考えようとはしなくなってしまいます。大事なのはどんなアイデアも歓迎し、決して「バカげたアイデア」とは片付けないことです。

そこから何かヒントはないかと考え、小さなアイデアをつなぎ合わせて大きなアイデアをつくる、そんな風土や習慣があってこそ、やがて「すごいアイデア」に行き着くことができるというのがドラッカーからのアドバイスです。まずはたくさんのアイデアを考えることです。評価はその後でゆっくりやればいいのです。

WORDS OF PETER DRUCKER 06

「時間は資源」と心得よ

成果をあげる者は、
時間が制約的要因であることを
知っている。

▼『経営者の条件』

「私は最も貴重な資源は時間であるという、20世紀後半によく言われた理論を今も踏襲《とうしゅう》しています」は、アマゾンの創業者ジェフ・ベゾスの言葉です。時間はすべての人に平等にあり、誰一人としてその時間を増やすことも減らすこともできません。「お金を貸して」というように誰かから時間を借りることもできません。

　時間は、何かを成し遂げたい人にとって、いつだって最大の制約条件となるのです。では、どうすれば時間という制約の中で成果をあげられるのでしょうか。ドラッカーは言います。

①時間を記録する。何に時間がとられているのかを分析します。

②時間を整理する。大切な時間を奪う非生産的な要求をしりぞけます。

③時間をまとめる。こうして生まれた自由に使える時間をできるだけ大きくまとめる。

　これがドラッカー流の「時間管理」のスタートとなります。まずは自分の日々の時間の使い方について分析するところから始めてはどうでしょう。

　恐らくは「時間のムダ遣い」に驚き、「何とかしなくては」と思うのではないでしょうか。成果をあげるには、まず「時間を制する」ことが最も大切なのです。

WORDS OF PETER DRUCKER 07

仕事の中のムダに目を向けろ

われわれが行っていることの中で、廃止しても困らないものがいかに多いかは驚くほどである。

▼『実践する経営者』

この何年か「片付け」や「断捨離」がブームとなっていますが、それほどに私たちの周りにはたくさんの「ムダ」があります。ある企業の創業者は株式の売買に関する報告書を担当部署に毎日作成して届けるように依頼しましたが、数カ月もすると関心がなくなり、「もう届けなくていいよ」と指示をしました。

それから数年が経ち、ある日、担当部署の部長から「最近、報告書をご覧になっていないようですが」と聞かれ、創業者は「えっ、まだつくっていたのか」と驚きました。たしかに創業者は「もうつくらなくていいよ」とは言っていませんでした。数年に渡って「誰も読まない書類」をつくり続けていたわけですが、似たようなケースはないかと調べたところ、たくさんの「誰も読まない」「誰も使わない」書類があることが分かりました。

このように、私たちが「仕事」と思ってやっていることの中にはたくさんの「ムダ」があり、実は「やめても誰も困らないもの」がたくさんあるのです。

時には身の周りのムダに目を向け、ムダを省き、「捨てる」ことを実行してみることです。あとには思いがけないほどの時間と、ちょっとしたスペースの余裕が生まれているはずです。

WORDS OF PETER DRUCKER 08

計画はやり切ってこそ価値がある

計画は紙の上で消える。
良き意図の表明に終わる。
実行されることは稀である。

▼『経営者の条件』

仕事で「ＰＤＣＡサイクル」について教えられた人は多いのではないでしょうか。何かを始める時には最初にしっかりと「計画」を立て、「実行」し、実行の結果で「評価」して、再び「行動」を起こすというものです。

そのせいでしょうか、世の中にはやたらと「計画」を立てるのが好きな人がいます。会社のプロジェクトなどでもそうですが、スタートはいつも華やかで、「さあ、やるぞ」というやる気に満ちていても、なぜか途中で中だるみになり、やがて「ところで、あれはどうなった？」状態に陥る計画やプロジェクトは

少なくありません。子どもの頃によく経験した「計画倒れ」です。

こんなことを繰り返していると、たとえ意気込んで計画を立て、プロジェクトをスタートさせたとしても、「どうせ途中で挫折するんでしょ」と誰もが本気で取り組まなくなってしまいます。計画で大切なこと、それは計画の緻密《ちみつ》さよりも最後まで「やり切る」ということなのです。

計画好きの「撤退屋《てったいや》」が何かを成し遂げることはありません。成果をあげるのは一旦取りかかった以上、たとえ失敗したとしても最後までやり切って、結果を見届けることのできる人なのです。

WORDS OF PETER DRUCKER 09

大切なこと以外「ノー」と言え

自ら現実の状況を
変えるための行動をとらない限り、
日常業務に追われ続ける。

▼『プロフェッショナルの条件』

私たちは日々、仕事に懸命に取り組んでいます。与えられた仕事に真剣に取り組み、結果を出そうとがんばっているわけですが、その割には思ったほどの結果が出なかったり、あるいは毎日、夜遅くまで残業したりしています。

会社からは「もっと効率よく」とか、「もっと残業を減らせ」と言われるものの、仕事そのものが減るわけではないので現状が変わることはまずありません。

こんな時、最もやってはいけないのは「やることはそのままで、もっとがんばる」ことです。ドラッカーによると、「日常の仕事の流れに任せていたのでは、それらの日常に自らを埋没させる」ことになるからです。それではどんなに有能でも、どんなにがんばっても成果をあげることはできません。

大切なのは、ムダな「動き」と、成果につながる「働き」を区別して、ムダを省き、「動き」を「働き」へと変えていくことなのです。今の仕事量、今のやり方をそのままにして成果につなげることは不可能です。人は「自ら現実の状況を変えるための行動をとらない限り、日常業務に追われ続ける」ことになるのです。忙しすぎる人は大切なこと以外「ノー」と言うことも必要なのです。

WORDS OF PETER DRUCKER

10

失敗は改善のチャンスである

予期せぬ失敗を
部下の無能や偶然のせいにしない。
システムの欠陥の兆候と見よ。

▼『チェンジ・リーダーの条件』

失敗への対処法は大きく3つに分かれます。①「仕方がない」ものと諦《あきら》める　②失敗した人の責任を厳しく追及する　③失敗の原因を究明して今後に活かす――の3つですが、トヨタのやり方は③になります。

トヨタの海外工場で接着剤を間違えるというミスが起きた時、解雇を恐れる担当者が上司に言われたのは「原因は何だ？対策はどうするつもりだ？」でした。

言われて倉庫の接着剤置き場を調べると、そこには小さく書かれた番号以外は同じ色、同じ大きさの缶がたくさん並んでいました。これでは間違いが起きても無理がないと感じた担当者は、缶の色を変えたり、文字を大きく見やすくするといった改善をいくつも行いました。

以来、同様のミスが起きることはなくなりました。先ほどの①や②は失敗から何も学ばず、同じ失敗を繰り返すことになりますが、③の対応をすれば失敗は改善につながり、失敗を未然に防ぐことを可能にしてくれます。ドラッカーが言うように失敗を「部下の無能や偶然のせい」にしてしまうと何の進歩もありませんが、「システムの欠陥の兆候」と見ればたくさんの改善が生まれます。

失敗を「糧」にできるかどうかは失敗したあとの行動で決まってくるのです。

WORDS
OF
PETER
DRUCKER

11

急ぐな、余裕をもって進めろ

成果のあがらない人は、第一に、一つの仕事に必要な時間を過小評価する。

▼『経営者の条件』

仕事で成果をあげるうえで大切なのは「自分がその仕事を終わらせるのにかかる時間を知る」ことです。この時間が分かっていれば、上司から締め切りのある仕事を指示された時、「いつとりかかればいいか」も計算できますし、もし「これでは間に合わないな」となれば、締め切りを延ばしてもらうなり、周りの助けを借りるなりすることができます。

問題はこの時間の測り方です。ドラッカーによると、ここに成果があがる人とそうでない人の差が出ると言います。

成果のあがらない人の特徴の一つは、「一つの仕事に必要な時間を過小評価する」ところにあります。彼らはすべてがうまくいくものと楽観しますが、誰もが知るようにうまくいくものなど一つもなく、予期しないことが常に起こるため、往々にして時間が不足して成果をあげることができないというのです。

さらに、成果のあがらない人は急ごうとして遅れ、同時にいくつものことに手を出して、すべてが中途半端に終わります。

成果をあげるには一つの仕事に集中して、かつゆっくり進むことです。

実は、その方がたくさんのことができるし成果もあがるのです。

WORDS OF PETER DRUCKER 12

上司の強みに目を向けろ

成果をあげるには、
「上司の強み」を
活かさなければならない。

▼『経営者の条件』

人が成果をあげるためには、自らの「強み」を生かさなければならないというのがドラッカーの考え方です。

そのためには、組織も人の持つ弱みではなく強みに目を向ける必要があるわけですが、同様にドラッカーは「成果をあげるためには上司の強みを生かさなければならない」とも説いています。

ドラッカーによると、上司が成果をあげ、昇進することができなければ、部下は上司のうしろで立ち往生するだけで、普通、上司が更迭されれば代わりにその地位を得るのは部下ではなく、ほかから来た誰かになります。つまり、自らの成功のためには上司とともに成果をあげることが必要であり、そのためには、上司の弱みに目を向けて「うちの上司は」と愚痴を言うのではなく、上司の強みを知り、その強みを活かすことが必要になるのです。

上司にもいろいろなタイプがいます。実行力に長けた人もいれば、判断力に優れた人もいます。あるいは、人脈だけは豊富な人もいれば、人柄だけはいいという人もいます。

部下は上司を選べないとはよく言われることですが、だからこそ選べない上司の強みだけに目を向けて、その強みを上手に活かすことが何より大切なのです。

WORDS OF PETER DRUCKER

13

汗ではなく成果に目を向けろ

脂肪と筋肉を混同し、多忙と成果を混同する。成果を生まない活動は財産を食い潰《つぶ》す。

▼『創造する経営者』

いつも遅くまで残業をして休日も出勤している、「忙しい」が口癖の人が必ずしも「成果」をあげているとは言えないというのはよくあることです。

ある企業の経営者は若い頃、あるプロジェクトのリーダーを務めていましたが、毎日残業をして、休日出勤もしてがんばっても一向に成果があがらず赤字体質から抜け出すことができませんでした。「こんなにがんばっているのに」が、チームみんなの口癖でした。

そんなある日、上司から「君たちががんばりすぎているからじゃないか」と指摘されました。最初は残業を止めて残業代を減らせという意味かと思いましたが、思い切って定時で帰るようにすると身体や気持ちに余裕が生まれたのか、これまでと違う発想が生まれ、何が問題かも見えてきたのです。やがてプロジェクトは良い方向に動き出し、徐々に利益を生むようになったのです。

ドラッカーによると、脂肪は筋肉と混同され、多忙は成果と混同されがちですが、成果を生まない活動は財産を食い潰すだけなのです。見るべきは、汗の量でも残業の多さでもなく、「その活動は成果につながっているのか」ということなのです。

WORDS OF PETER DRUCKER 14

報告や手続きは「必要か」と問え

報告と手続きは、
誤った使い方をされる時、
道具ではなく支配者となる。

▼『チェンジ・リーダーの条件』

どんな組織にもたくさんの報告書や手続き、規則などがありますが、その中には時代遅れになったり、「それはやり過ぎだろう」というものもたくさんあります。かつてある企業では工場の電球一個を交換したり、破れた作業用手袋を支給したりするにも、何個ものハンコが必要だったという話を聞いたことがありますが、たしかに報告や手続き、規則というのは、一旦でき上がってしまうと増えることはあっても減らないし見直しも行われないというところがあります。

かつてドラッカーは、ある組織の改革に向けて「あらゆる報告を二カ月間廃止して、現場がどうしても必要だというものだけを復活させるよう」提案したことがあります。すると、四分の三は不要で、残りの四分の一で十分に用は足りると分かったのです。報告や手続きは本来、時間や労力を節約するために使うべきものですが、あまりに多すぎる、あまりに時代遅れの報告や手続きは「道具ではなく支配者」となり、かえって仕事の効率を低下させてしまいます。

「あらゆる企業が報告と手続きのすべてについて、本当に必要かどうかを定期的に検討する必要がある」というのがドラッカーからのアドバイスです。

WORDS OF PETER DRUCKER

15

仕事には目的や意味が欠かせない

生産性の向上でまず問うべきは、「何が目的か。何を実現しようとしているのか。なぜそれを行うか」である。

▼『プロフェッショナルの条件』

何年か前にグーグルが「チームが成果をあげるためには何が必要か?」について調査したところ、あがってきたのは五つの要素でした。その中に含まれていたのが「チーム目標や役割分担、行動計画は明瞭であるか」と「メンバー一人ひとりが与えられた役割に対して意味を見出すことができるか」ですが、これらはドラッカーが知識労働の生産性向上を図るうえで問うべきこととして指摘していたものと、とてもよく似ています。

ドラッカーによると、まず問うべきは①何が目的か　②何を実現しようとしているか　③なぜそれを行うか—であり、

これらが明確になることで人はやりがいや、やる気を持って主体的に仕事に取り組むことができるというのです。

たとえ同じ仕事をしたとしても「何のため」が曖昧《あいまい》だと、「言われたからやっているだけ」になりますが、それがはっきりしていれば、目的のためにやりがいを持って行うことができるのです。

仕事には「納得」が必要です。上司は部下に対して「何が目的か」「何を実現しようとしているのか」「なぜそれを行うか」を明確に伝え、部下がそれを納得したうえで主体的に取り組むことで望む成果をあげることができるのです。

WORDS OF PETER DRUCKER

第二章

自分を活かし成果を出すための言葉

WORDS OF PETER DRUCKER

16

「今、何ができるか」に集中しろ

させてもらえないことに
不満を言う代わりに、
してよいことを次から次へと行え。

▼『経営者の条件』

仕事をしていると「あれをやりたい」とか、「こうしたらどうだろう」と思いつくことがよくあります。ところが、そのアイデアを上司に話すと、「時期尚早だ」「失敗したらどうするつもりだ」「前例がない」などといった「ノー」を突き付けられるというのはよくあることです。

たいていの人はここで「これじゃあ、できることは何もないな」と諦めてしまいますが、それでは何もできないし、成果もあげられないというのがドラッカーの指摘です。

「自分にはできない仕事が分かっている人間は、利口ではあるが、多くの仕事を達成することもなく、すぐれた進歩を示すこともない」。

しかし、「できる人」は「あれはダメ」「これはダメ」を「何もできない」ととって「じゃあ、何もやらない」になるのではなく、こう考えます。

「させてもらえないことに不満を言う代わりに、してよいことを次から次へと行え」。

利口な人は「させてもらえないこと」をしない理由にしていますが、本当にできる人は制約の中でも「して良いこと」を見つけ出し実行します。成果はそこから生まれるのです。

WORDS
OF
PETER
DRUCKER

17

「次への欲」が成長を促す

「あなたの本の中で最高のものはどれか」とよく聞かれる。
その時には、「次の作品」ですと本気で言っている。

▼『プロフェッショナルの条件』

ドラッカーは大学生の頃、売れ残りの安い席の切符をもらってしばしばオペラを楽しんでいます。そんなある夜、作曲家ヴェルディのオペラ『ファルスタッフ』を観て大きな衝撃を受け、さらにその作品が80歳目前につくられたものだと知り、さらなる衝撃を受けています。

当時、ドラッカーは18歳でしたが、ヴェルディほどの巨匠が80歳目前になってもさらなる挑戦を続けていることに驚いたのです。

そこにあるのは何かを成し遂げてもなお「次」を追い求める姿勢でした。以来、ドラッカーはこの時に知ったヴェルディの姿勢を貫き続け、こう話しています。

「『あなたの本の中で最高のものはどれか』とよく聞かれる。その時には、『次の作品です』と本気で言っている」。

それはウォルト・ディズニーが言い続けた「われわれの値打ちは次回作で決まる」にも通じるものです。ドラッカーはどれほど有名になっても、いつまでも「これまでのどの本よりも優れたものを」という思いを持ちながら仕事を続けたのです。人は「これで十分だ」と思った瞬間に進歩が止まります。成長し続けるためには「次こそ」という「欲」が欠かせないのです。

WORDS OF PETER DRUCKER

18

たやすい道より困難な道を

問題に挑戦するのではなく、
容易に成功しそうなものを
選ぶようでは、
大きな成果はあげられない。

▼『プロフェッショナルの条件』

目標の掲げ方には二つのやり方があります。一つは少しがんばれば達成できそうな目標を掲げるやり方で、もう一つは大切だけれども達成には相当の困難が予想される目標にあえて挑戦するやり方です。

成果主義的な観点に立てば、前者の目標に挑戦して「達成率100％」や「達成率110％」の方が、後者の挑戦して「達成率80％」で「未達」に終わるよりもはるかに高い評価を得られるわけですが、企業や個人の「成長」という視点で見れば後者の方がはるかに望ましいというのがドラッカーの考え方です。

挑むべきは「無難で容易なものではなく、変革をもたらすもの」であり、あえてそこに挑む「勇気」を持つ人だけが大きな成果をあげられるというのです。

グーグルの創業者ラリー・ペイジの口癖は「とてつもなく野心的な夢の方が前進させやすい」です。なぜでしょうか。

理由は、たやすい夢はライバルが多すぎて競争が激しいのに対し、野心的な夢は困難が伴うだけに挑戦する人は少なくじっくり取り組めるからです。

目の前にたやすい道とちょっと困難な道がある時、どちらを選ぶかで成長も成果も大きく違ってくるのです。

WORDS OF PETER DRUCKER

19

失敗を積み重ねて今がある

人は優れているほど
多くの間違いをおかす。
優れているほど
新しいことを試みる。

▼『マネジメント』

「99%は失敗の連続であった。そしてその実を結んだ1%の成功が現在の私である」は、本田技研工業（ホンダ）の創業者・本田宗一郎の言葉です。

成功する確率が高いものは無難ではあっても大きな成果につながりにくいのに対し、成功確率の低いものは、幾度もの失敗があったとしても本当に優れた製品につながるものです。

困難を承知であえて挑戦し、成功するコツを、本田さんはこう言っています。

「何千でもオシャカになっていいから、つくり続けることだね」。

成功するためには、成功をもたらした

嫌というほどの失敗に目を向けることも必要なのです。ドラッカーは「成果とは百発百中のことではない」として、間違いや失敗をしない者を「信用してはならない」とまで言い切っています。理由はそういう人間は「見せかけか、無難なこと、下らないことしか手をつけない者」であり、本当に優れている者は多くの間違いもおかすが、優れているからこそ果敢に新しいことに挑戦できるというのです。

失敗を恐れて挑戦をためらっていると、新たな成功を手にすることはできません。失敗を恐れず挑戦し、失敗からたくさんのことを学べる人だけが成功者となるのです。

WORDS OF PETER DRUCKER 20

「なすべきことは何か」を考えよ

人は好きなことをするために報酬を手にしているのではない。なすべきことをなすために、報酬を手にしている。

▼『プロフェッショナルの条件』

「好きなこと」「できること」「なすべきこと」という区分けがあります。

　人生において「好きなこと」を仕事にして、自分が「やりたいこと」だけをやり続けることができれば、こんな幸せなことはありませんが、現実にはそれができる人はごく一握りにすぎません。

　だからといって、「やりたくないこと」を我慢してやれと言っているわけではありません。

　組織においては自分が好きだとか嫌いだとか、やりたいとかやりたくないとか関係なしに「なすべきこと」があり、それは時に「好きなこと」よりも大切になるというのがドラッカーの考え方です。

　ある経営者は若い頃、「仕事とは何か」を考えた結果、「仕事とはお役立ちである」という結論に達しています。

　大切なのは人の役に立つことであり、それは自分が好きか嫌いか、得意か苦手かとは関係なく、誰かの役に立つことこそが仕事であり、それこそが「なすべきこと」だと考えて取り組んできたといいます。

　仕事をするうえで大切なのは好きか嫌いかではありません。自分には何が求められているか、自分が本当になすべきことは何かを考え実行することなのです。

WORDS OF PETER DRUCKER 21

成果をあげるのは「強み」である

「自分は何が得意で何が不得意か」との問いこそ、徹底的に考えなければならない問題である。

▼『チェンジ・リーダーの条件』

ある中小企業の経営者に「あなたの会社の強みは何ですか」と尋ねたところ、「強みなんてありませんよ」という答えが返ってきました。さらに「では、弱みは何ですか」と尋ねたところ、「人材がいない、営業が弱い、知名度がない」などたくさんの弱みが挙がりました。

たしかに人は自分に関しても、他人に関しても「強み」ではなく「弱み」を探し当てる傾向があります。しかし、「弱み」をいくら挙げたところで成果にはつながらないというのがドラッカーの考え方です。人が成果をあげるのは「強み」によってであり「弱み」ではありません。

自分の「強みと弱み」を知り、「弱み」をどうすればカバーできるかと考えることが必要なのです。

よく「二人組の企業は成功する」と言われます。たとえば、ホンダの創業者・本田宗一郎は天才的なエンジニアでしたが、経営や営業はまるでダメでした。しかし、その欠点をもう一人の創業者・藤沢武夫がカバーしたお陰で成功しています。大切なのは自分の「強み」と「弱み」を知り、強みは活かし、弱みをカバーする人と組んだり、その方法を考えることです。そのためにも人は「何が得意で何が不得意か」を知る必要があるのです。

WORDS OF PETER DRUCKER 22

「身近な人の強み」を3つ挙げろ

何事かを成し遂げるのは、
強みによってである。
弱みによって何かを行うことはできない。

▼『プロフェッショナルの条件』

ドラッカーが一貫して主張しているのは「強みを知り、強みによって何事かを成し遂げる」ことです。

反対に弱みを知ったところで、弱みによって何かを行うのは不可能だというのがドラッカーの考え方です。

誰もがこの考え方には納得するはずですが、なぜか人間というのは強みよりも弱みに目がいく傾向があります。では、どうすれば「強み」に目がいくようになるのでしょうか。

ある人が提案しているのが「夫や妻、仲のいい友人、会社の上司や同僚といった身近な人の長所を三つ挙げる」ことです。

たいていの人にとって短所はすぐに見つかっても、長所を3つ挙げるのは難しいものですが、それではものの見方が一面的になってしまいます。無理にでも三つの長所を探し始めると、「あの人は口は悪いが、私のために憎まれ役を買ってくれているのかも」といった、思考パターンの転換が可能になります。

そんな目で見ると人だけでなく、さびれた街や厄介な雪も「こんないい点がある」と考えられるようになってくるのです。成果をあげるには「弱み」ではなく「強み」を見つけ、引き出す力が大切なのです。

WORDS OF PETER DRUCKER 23

仕事は懸命に、誰かが見ている

神々しか見ていなくとも、完全を求めていかなければならない。

▼『プロフェッショナルの条件』

「偉大な大工は、見えないキャビネットのうしろにも、ちゃちな木材を使ったりしない」は、誰も気にしないような細部にまでこだわり続けることで、アップル製品を「芸術品」の域にまで高めることに成功したスティーブ・ジョブズの言葉です。

ドラッカーも同じことを考えていました。若き日、ドラッカーはギリシャの彫刻家フェイディアスの物語を読み、一つのエピソードに心打たれています。

アテネのパルテノン神殿の屋根に立つ彫像群を完成させたフェイディアスが、会計官に支払いを求めたところ、会計官は「誰にも見えない彫像の背中まで彫って、その請求をするのはおかしい」と拒みました。フェイディアスは「そんなことはない。神々が見ている」と反論しました。

この話に感銘を受けたドラッカーは「神々しか見ていなくとも、完全を求めていかなければならない」ことを肝に銘じて仕事をするようになったといいます。

人はしばしば「小さな仕事だから」と軽んじたり、「誰も気にしないから」と手を抜くことがありますが、それは実は自分を裏切る行為なのです。

仕事への信頼は、細部まで気を配る真《しん》摯《し》さによって生まれてくるものなのです。

WORDS OF PETER DRUCKER

24

自分が輝く場所を知れ

自らがいかなる仕事の仕方を
得意とするかは、
強みと同じように重要である。

▼『プロフェッショナルの条件』

仕事で成果をあげるためには「強み」を知ることが大切だというのがドラッカーの考え方ですが、同じように重要だと指摘しているのが「自らがいかなる仕事の仕方を得意とするか」を知ることです。

たとえば、①一人で働く方がいいのか、人と組んだ方がいいのか　②リーダーが向いているのか、ナンバー2的な補佐役・助言役の方がいいのか　③緊張状態に置かれた方がいいのか、落ち着いた環境の方が力が発揮できるのか　④大きな組織の方が向いているのか、小さな組織の方が向いているのか——といった問いに対して、「自分はこっちの方が向いている」ということを知ることこそ成果につながります。にもかかわらず、ドラッカーによるとそれを知らないがために得意でない仕事のやり方を選んで、結果的に成果があがらない人もいるというのです。

たしかに、世の中にはナンバー2としては素晴らしい活躍をしていたのに、トップになった途端に挫折する人もいます。あるいは、大企業で輝いていた人が小さな企業に移った途端にダメになることもあります。成果をあげるためには、自分が最も貢献できる場所を知り、そこに自らを置くことも大切なのです。

WORDS OF PETER DRUCKER

25

迷うな、勇気を持って踏み出そう

意味があるのは、
才能ではなく、
勇気だ。

▼『チェンジ・リーダーの条件』

「やりたいこと」や「やるべきこと」がはっきり分かっているにもかかわらず、肝心の一歩を踏み出せないことがあります。理由は「失敗したらどうしよう」という恐れがためらいにつながっているからです。しかし、ドラッカーが言うように「未来において何かを起こすには、進んで新しいことを行うこと、働くこと」が何より大切なのです。

グーグルの創業者ラリー・ペイジがこんなことを言っています。

「楽観的に考えることが大事なんだ。こうしようと決めた目標に向かう時は、ちょっとまぬけでなくちゃいけないのさ」。

新しいことや、経験のないことに挑戦する以上、成功が約束されているわけではなく、むしろ失敗の恐れが大きいわけですが、かといってそうした不安ばかりを数えていると、いつまでたっても最初の一歩を踏み出すことはできません。

ドラッカーによると、新しい何かを行うためには天才である必要はなく、「それを起こすために働こう」という「勇気」が必要なのです。勇気を持って一歩を踏み出せば、そこからやるべきは、信念を持って懸命に働くことだけなのです。

WORDS OF PETER DRUCKER 26

上司に頼るな、自分の頭で考えろ

知識労働者は
意思決定をしなければならない。

▼『プロフェッショナルの条件』

「指示待ち族」という言葉があります。何をするにも上司の指示が必要で、指示がなければ何もしようとはしない人のことです。たしかにリスクはないし、責任も生じませんが、それでは変化の激しい時代に成果はあげられません。

トヨタのある海外工場でトラブルが起きました。若い社員Aさんの部署は、トラブルが起きた時にその対処法を迅速に指示することが求められますが、あいにくその日は上司が出張で不在でした。

そこでAさんは、似たようなケースでの上司のやり方を思い出しながら、その場を乗り切りましたが、出張から帰ってきた上司に「なぜ自分の頭でもっといいやり方はないかと考えなかったのか」と言われました。

上司の指示に忠実であるというのは悪いことではありませんが、成長するためには「自分の頭で考え、自分の責任で行動することが必要だ」というのが上司の教えでした。たとえば、混乱した戦場で敵と遭遇《そうぐう》した時に備え、その対処法を上官は兵士に事前に教えはしますが、いざという時にどうするかを決めるのはその場にいる兵士一人ひとりなのです。

仕事は自分で考えて行動するものです。指示待ち族には明日はないのです。

WORDS OF PETER DRUCKER

第三章

人を活かすための言葉

WORDS OF PETER DRUCKER

27

変化を恐れると人は凡人になる

10年あるいは15年にわたって
有能だった人が、
なぜ急に凡人になってしまうのか。

▼『プロフェッショナルの条件』

「名選手必ずしも名監督ならず」という言葉があります。プロ野球の名選手が監督になったところ期待通りの成績を残せずに失敗するケースもあれば、現役時代の成績はさほどでもない選手がコーチや監督として素晴らしい成績を残すというのはよくあることですが、同じことはビジネスの世界でも起きています。

もっとも、ビジネスの世界では昇進するのは成果をあげた人ですから後者のケースは滅多にありませんが、ある部署や立場で、10年、15年と成果をあげ続けてきた有能な人が、期待されて管理職になったところパッとした成果があがらず

「凡人化」してしまうのはよくあることです。ドラッカーはその理由をこう分析しています。

理由は、新しい任務に就いたにもかかわらず、以前と同じやり方を続けたことによる失敗です。大事なのは、①新しい任務は何を求めているのか　②そのためには何をすべきなのか――をしっかり考え、「自分自身のやり方を変える」ことなのです。それをせず過去の成功にとらわれ、同じやり方をしてしまうと、ただの凡人と化してしまうのです。人が有能であり続けるためには、考え、挑戦し、変化し続けることが何より大切なのです。

WORDS OF PETER DRUCKER 28

「聞け、話すな」が人を動かす

聞け、話すな。

▼『経営者の条件』

ドラッカーは「成果をあげることは習慣である」として、8つの習慣をあげていますが、そこにもう1つ付け加えるならと「聞け、話すな」をあげています。

ドラッカーがコンサルタントとして多くのことを学んだGMの伝説のCEOアルフレッド・スローンは、会議では冒頭で会議の目的を明らかにした後は、疑問に思ったことを聞く以外はほとんど発言をせず、最後にまとめと挨拶をするだけでした。しかし、部屋に帰るとすぐに会議の結論と宿題をメモにまとめ、担当者と期限を決めて出席者に届けたといいます。

このやり方こそがGMを圧倒的世界一へと成長させたのです。

アメリカの自己啓発の父デール・カーネギーによると、相手を説得して動かすには「聞く」ことが大きな力になります。

カーネギーはしばしば相手の話を何十分も熱心に聞き続けましたが、その結果はいつも相手と最高の関係を築き、「最高の話上手だ」という称賛でした。「どんな褒め言葉にも惑わされない人間も、自分の話に心を奪われた聞き手には惑わされる」というのがカーネギーの言葉です。

自分が話したくてたまらない時にこそ相手の話に耳を傾けることです。「聞け、話すな」こそが人を動かす極意なのです。

WORDS OF PETER DRUCKER 29

組織は「人の強み」を生かせ

ほとんどの者は、
独力で成果をあげられるほど
多様な強みは持っていない。

▼『経営者の条件』

よく知られたことですが、強靭《きょうじん》な肉体を持つ屈強なハンターだったネアンデルタール人が絶滅し、彼らに比べてはるかに華奢《きゃしゃ》でひ弱なホモ・サピエンスが生き残り繁栄することができたのは、弱いからこそ仲間同士で力を合わせる「協力」を生み出すことができたからだと言われています。

そして、こうした「協力」を前提としたものこそが組織なのです。「人を雇う」と、そこには強みとともに弱みもついてきますが、弱みを仕事や成果とは関係ない個人的な欠点として、強みだけを意味あるものにするように組織を構築することこそが大切だというのがドラッカーの考え方です。

たしかに、すべてを一人でできる人なら組織を必要とはしませんが、それ以外の人は少しの強みといくつもの弱みを抱えているだけに、組織に所属してそれぞれの強みを生かしながら協力し合い成果をあげることが求められます。

「組織とは、強みを成果に結び付けつつ、弱みを中和し無害化するための道具である」と考えれば、人事にあたりその人の強みを見るか弱みを見るかは、すぐに答えが出ることなのです。

WORDS OF PETER DRUCKER 30

スターに頼るな。最高のチームを

偉大なソリストを
集めたオーケストラが
最高のオーケストラではない。

▼『ネクスト・ソサエティ』

かつて日本代表監督も務めたイビチャ・オシムさんは、1990年のイタリアワールドカップで監督として祖国ユーゴスラビアをベスト8に導いた後、世界の名だたるビッグクラブから監督のオファーを受けたにもかかわらず、オーストリアの中堅クラブを選んでいます。

理由は、ビッグクラブには世界中から集めたスター選手がいますが、オシムさんは「彼らのために誰が走るんだ」と疑問を投げかけ、チームにはスター選手のほかにも走る選手、献身的に守る選手もいてこそ強くなれると信じていたからです。

どんな組織でも、最高の人材ばかりを揃えることはできません。仮に最高の人材ばかり集めたとしても、そこに全員が勝利に向かって一丸となる姿勢が欠けていたら規律なき一流となり、規律ある二流にも勝つことはできません。

理想は「11人のベストな選手」を集めることではなく「11人でベストとなるチーム」なのです。

ドラッカーの言う「偉大なソリストを集めたオーケストラが最高のオーケストラではない。優れたメンバーが最高の演奏をするものが最高のオーケストラである」は、すべての組織に通じる言葉なのです。

WORDS OF PETER DRUCKER

31

百の言葉より一つの実行を

エグゼクティブとは
行動する者であり、
物事をなす者である。

▼『経営者の条件』

某企業の技術者がこう言っています。

「技術者には二つのタイプがある。一つは知識を使ってものづくりに挑戦するタイプ。もう一つは、豊富な知識を使い、できない理由を解説するタイプ。必要なのは前者です」。

アップルの創業者スティーブ・ジョブズも、アップル製品の批評ばかりをしたがる人に、しばしば「君は何かを生み出す側か、それとも言うだけの人間か」という言葉を投げかけていました。たしかに、世の中には問題を指摘することが好きで、口ではとても立派なことを言うにもかかわらず、「いざ実行」となると途端に行動力が鈍ってしまう人がいます。

批評家の存在を否定するつもりはありませんが、世の中に貢献し、成果をあげるのは、やはりドラッカーが言うように「行動する者であり、物事をなす者」なのです。また、こうも言っています。

「エグゼクティブにとっては、いかなる知識といえども行動に転化しない限り無用の存在である」と。

行動に移さない限り、どんなアイデアも意味がありません。エグゼクティブに限らず、ビジネスにおいて大切なのは、考えたことや口にしたことをどれだけ実行に移せるかなのです。

WORDS OF PETER DRUCKER 32

普通の人に普通でないことを

優れた人材を多数持つことはできない。「普通の人間に普通でないことを行わせる」ことが課題である。

▼『ネクスト・ソサエティ』

トヨタに「一人の100歩より100人が一歩ずつ」という言葉があります。現在のトヨタしか知らないと、その成功は優秀な人が集まって成し遂げたものだろうと思うかもしれませんが、戦後間もない頃のトヨタは倒産の危機に瀕《ひん》して、金融支援を受ける代わりに2000人以上を解雇せざるを得ない危機を経験しています。

今と比べればお金もない、人もいない、田舎の一企業に過ぎなかったわけですが、そこから再建への道を歩む過程でトヨタが大切にしたのが、先ほどの「100人が一歩ずつ」という考え方です。一人で100歩進むスーパースターは滅多にいません。代わりにトヨタが試みたのが生産現場などで働く社員一人ひとりが知恵を出し、改善を行うことで良い車をより安くつくるということでした。その結果が「今のトヨタ」なのです。

ドラッカーが言うように、いかなる組織といえども、優れた人材を多数持つことはできません。大切なのは、ごく普通の人の知恵や力を引き出し、心を合わせて素晴らしい成果へと結び付けていくことなのです。普通の人の力をフルに引き出してこそ、組織は並外れた成果をあげることができるのです。

WORDS OF PETER DRUCKER 33

才能を生かすも殺すも人間力次第

頭の良い人たち、特に若い人たちは、人への対し方が潤滑油《じゅんかつゆ》となることを知らないことが多い。

▼『明日を支配するもの』

「成果をあげるためには自らの強みを知り、強みに集中し、強みをさらに伸ばすことが必要だ」というのがドラッカーの基本的な考え方です。企業も人も成果をあげるのは弱みではなく強みである以上、「強みは何か」を知ることが最も大切なのは当然のことですが、ドラッカーは一方でせっかくの強みを台なしにするかもしれない「自らの悪癖」はきちんと改めなければならないとも説いています。

たとえば、自分はある分野の専門家であり、他のことは知る必要もないといった「知的な傲慢《ごうまん》さ」や、「良い企画さえ立てれば当然実行されるはずだ」といった馬鹿げた思い込みを改めない限り、せっかくの強みも活かされないことになります。さらに気を付けたいのが「人への対し方の悪さ」です。

仕事は人と人が関わり、人から人へ受け継がれるだけに、そこに傲慢さがあり、思いやりや優しさが欠如していると、余計な摩擦を生むことになります。

グーグルやアマゾンのようなＩＴ企業でさえ、チームで仕事をする以上、いくら才能があっても「強すぎるエゴ」の持ち主は敬遠されます。人への対し方、それは仕事を円滑に進めるうえで欠くことのできない資質の一つなのです。

WORDS OF PETER DRUCKER 34

共に働く人たちの「強み」を知ろう

成果をあげる秘訣の第一は、共に働く人たちを理解し、その強み、仕事の仕方、価値観を活用することである。

▼『明日を支配するもの』

成果をあげるためには「強み」を知ることが何より大切になります。自分だけでなく、できるなら共に働く上司や先輩、部下といった一人ひとりについてその強みや仕事の仕方、価値観などを活用することが成果をあげる秘訣であるというのがドラッカーのアドバイスです。

人にはさまざまな「癖」があります。たとえば、上司の中には長ったらしい報告書や企画書を嫌い、「Ａ４一枚」にまとめることを好む人もいれば、本体自体は長くても簡単な要点をまとめたメモを必要とする人もいます。あるいは、いくつかの選択肢を示して「どれにしますか」と尋ねた場合、必ずと言っていいほど第一案を拒否する人もいます。

ある管理職は、新しい部署に赴任した際には一週間から十日くらいは部下の観察に努め、「背中を見れば何を考えているかが分かる」ようになってから、あれこれ指図をするようにしていたといいます。

どんな仕事も、共に働く人たちについてどれだけ深く理解するかでその成果を大きく左右することになるのです。仕事は権限や権力だけで動くわけではありません。そこに理解や納得、共感もあってこそ、より良い仕事が可能になるのです。

WORDS OF PETER DRUCKER

第四章

変化を恐れず機会とするための言葉

WORDS OF PETER DRUCKER

35

確実に起こる「未来」に手を打て

出生率の急増や急減は、15年後、20年後には労働力人口の大きさに影響をもたらす。

▼『チェンジ・リーダーの条件』

未来を完全に予測することは難しいわけですが、未来の中には「確実に起こることが予測できる未来」も含まれています。たとえば、日本が直面している少子化の問題であれば、出生率の推移を見ていれば誰にでも簡単に予測できます。大胆な移民政策でも実施しない限り、今現在の出生率が低ければ、5年後、10年後、20年後はいっそう人口減少が進んでいくことになります。

ドラッカーは、この「既に起こった未来」を探すことが必要だと言っています。

「出生率の急増や急減は、15年後、20年後には労働力人口の大きさに影響をもたらす。変化は既に起こっている。その結果は必ず出てくる。既に起こった未来は機会をもたらす」。

とはいえ、人間の特徴は「すぐそこにある問題」には対処しようとしますが、「いつか来る厄介な問題」については「まだいい、時間があるから」と先延ばしする傾向があります。人は同じデータを見ても決して同じ判断、同じ行動を起こすことはありません。未来が読みにくい時代ではあっても、そこには「既に起こった未来」もあると考え、そこにチャンスを見出せるかどうかが、ビジネスにおける成否を左右することになるのです。

WORDS OF PETER DRUCKER 36

街に出よ、「変化」をつかめ

変化についていくための
唯一の方法は、
自ら外に出て
変化を探すことである。

▼『実践する経営者』

プロデューサーなどで活躍する秋元康さんによると、情報が氾濫《はんらん》している時代にオリジナルな情報を集めるためには、きちんと整理されたいつでも取り出せる情報ではなく、「他の人が捨てて、気付かないような情報」や「みんなが情報だとは思っていないもの」に気付くことが大切だといいます。

たとえば、街でちょっと変わった髪形の若者に会って「この髪形、面白いな」と思ったら、それは「情報」となりますが、その若者の髪形が雑誌に載って「こんなへアスタイルの若者が渋谷で増えている」となったら、それは単なる「知識」になるだけで、「発想源」にはなりにくいのです。ましてや、街中に同じ髪形の若者が溢《あふ》れるようになったら、ただそれを眺めるほかありません。

ドラッカーによると、「統計的に意味のあるものとして現れる頃には、機会として利用することはもちろん、対処することさえ手遅れ」になっています。

変化を素早くつかむためには、「自ら外に出て変化を探すこと」というのがドラッカーからのアドバイスであり、それは優れたクリエイターやビジネスパーソンがやっていることでもあるのです。

WORDS OF PETER DRUCKER 37

明日のために今、人を育てよ

明日のマネジメントに
当たるべき人間を、
今日用意しなければならない。

▼『プロフェッショナルの条件』

「今日のために戦い、明日のために考える」は、イングランドのプレミアリーグのサッカークラブ、マンチェスター・ユナイテッド監督として一時代を築いたアレックス・ファーガソンの言葉です。

サッカーチームに限ったことではありませんが、どんな強豪チームでも目先の勝利にこだわり過ぎて改革を怠ると、いつかピークを過ぎ低迷することになります。かといってあまりに大胆すぎる改革は、結果が出るまでに時間がかかります。

ファーガソンは目の前の一試合一試合を丁寧にこなす一方、明日のための改革も欠かすことなく行い、同クラブを常勝

軍団へと育て上げることに成功しました。

ドラッカーは、人間社会で唯一確実なものは変化であり、自らを変革できない組織は、明日の変化に生き残ることができないと考えていました。

そしてそのために欠かせないのが人材の育成であり、常に明日のために人を育て、「昨日より今日、今日より明日」とより良いものを求め変化し続けることが何より大切だと言いました。

リーダーに必要なこと、それは「自らを凌駕《りょうが》する部下を育てる」ことであり、それができてこそ組織は成長し続けることができるのです。

WORDS OF PETER DRUCKER 38

変化はいつも外からやってくる

最も重要な情報は顧客ではなく非顧客（ノンカスタマー）である。変化が起こるのはノンカスタマーの世界である。

▼『ネクスト・ソサエティ』

イノベーションは往々にして業界の部外者から起こり、業界の構図をがらりと書き換えることになります。

アマゾンの創業者ジェフ・ベゾスは書籍販売に関してはずぶの素人でしたが、アマゾンが登場したことで本の売り方は様変わりしましたし、やはり外の世界からやってきたテスラモーターズのCEOイーロン・マスクが格好いい電気自動車をつくったことで、自動車業界は一気に電動化へと向かうことになりました。

にもかかわらず、多くの企業はいつもと変わらず同業他社の動向ばかりを、そして自分たちの顧客ばかりを気にし続けています。

ドラッカーによると、かつてアメリカの百貨店は小売市場の約30%をカバーし、自社の顧客について熱心に研究していましたが、なぜか残りの約70%のノンカスタマーには関心を払いませんでした。そのため急速にその地位を失うことになったというのです。

「お客さま第一」や「顧客志向」は大切なことですが、同時に自分たちの顧客と自分たちの業界を見ているだけでは、変化に乗り遅れてしまいます。注意を払うべきはノンカスタマーであり、業界の外で起きている出来事なのです。

WORDS OF PETER DRUCKER 39

熱狂に乗れ、しかし冷静であれ

ブームの中では、
あらゆる会社が
永久に成長し続けるものと考える。

▼『実践する経営者』

経済とは循環するものですが、時に景気が急速に冷え込んで大不況になることもあれば、景気が過熱してバブル景気となることもあります。アメリカならITバブルや住宅バブルがあり、日本も高度成長やバブル景気を経験しています。

そんな景気が過熱している時、たとえばITバブルの真っただ中にいる企業は、ドラッカーが言うように「永久に成長し続けるもの」と考えてしまいます。

結果、バブルがはじけた途端に多くの失業者が生まれ、いくつもの企業が消え去ることになりましたが、一方でバブルのさ中に「熱狂にあって冷静に」次へのの備えを怠らなかった企業は、やがて堂々たる勝ち残り企業へと成長します。

トヨタに「好況を乗り切る」という言葉があります。好況の中では誰もが「成長し続ける」と信じ、つい過大な投資、無茶な投資に走りがちですが、波に乗りつつも「この成長はいつまでも続かない」という気持ちで好況を乗り切ってこそ、「次の成長」があるというのです。

人も企業も好調な時にはつい調子に乗ってしまいますが、実は「好況を乗り切る」ことこそが長く成果をあげ、成長し続けるためには最も大切なことなのです。

WORDS OF PETER DRUCKER 40

「同じ成功」を繰り返すな

成功は常に
成功をもたらした行動を
陳腐《ちんぷ》化する。

▼『チェンジ・リーダーの条件』

オリンピックの平泳ぎで二大会連続二種目制覇をした北島康介さんのコーチ平井伯昌《のりまさ》さんがいつも心がけていたのは「同じ成功を繰り返すな」でした。

たいていの人は一度成功すると、その成功パターンを繰り返すものですが、同じことを続けているとライバルたちに研究され、いつか勝てなくなってしまいます。

そうならないためには「成功は勝った瞬間に捨て去り、より良いものを求めて挑戦する」というのが、平井さんと北島さんの考え方でした。そうでなければ「勝った瞬間が人生のピークになってしまう」と言い切るところに、二人の凄さと勝ち続けた秘訣があります。

それは企業にも言えることです。ドラッカーによると、成功した行動や成功した商品は、その日を境に「陳腐化する」というのです。成功した商品には当然のようにたくさんの模倣者が現れます。みんなが「より良く、より安く」を追い求める時代、大成功をおさめた商品であればあるほどたくさんのライバルが出現し、うかうかしているとあっという間にトップの座を奪われるのがビジネスです。

成功している時にこそ反省し、成功している時に挑戦してこそ、勝ち続けることができるのです。

WORDS OF PETER DRUCKER

41

変化を「日常」としろ

変化を
脅威ではなく
機会としてとらえなければならない。

▼『経営者の条件』

「最も強いものが生き残るのでもなく、最も賢いものが生き延びるのでもない。唯一生き残ることができるのは、変化できるものである」はダーウィンの言葉ですが、一方で「人は間違ったことをしていても、困らなければ変わろうとはしない」というのも、またたしかな事実です。

ほとんどの人にとって「何かが変わる」とか、「何かを変える」というのは、一方に多少の期待を持ちながらも、その一方には大きな不安があるため、「できるなら今のまま」という気持ちが強いものです。そのせいか、企業などでも変化を極端に恐れ、仕事のやり方などを変えることに強く抵抗をする人もいます。

「自分はこのやり方で20年やってきた」というわけですが、これでは進歩もないし、成果も望めません。「成果は機会から生まれる」以上、「組織の内と外に変化を見つけ、機会として使えるかどうかを考えなければならない」というのがドラッカーの考え方です。

変化は何もしなければ「脅威」となりますが、変化を自ら迎え撃ち、自ら変わろうとすれば大きな機会となります。

成果をあげるためには、変化を「日常」として、変わり続けることが何より大切なのです。

WORDS OF PETER DRUCKER 42

捨てることで「未来」が見えてくる

昨日を捨てることなくして、
明日をつくることはできない。

▼『明日を支配するもの』

ドラッカーがイノベーションを成功させるために提唱していたものの一つが「体系的廃棄」です。歴史のある企業にはたくさんの製品やサービスなどがあるわけですが、その中には既に役目を終えたものや、利益を生まずコストばかりかかるものもあります。これらのものを体系的に捨てることなしには前に進めないというのが、ドラッカーの考え方です。

倒産の危機に瀕《ひん》していたアップルに暫定CEOとして復帰したスティーブ・ジョブズが最初に行ったのが、まさに「捨てる」ことでした。ジョブズが復帰した時、アップルには40種類もの製品がありましたが、そのほとんどを捨て去り、強みの発揮できる四つの製品に絞り込み、組織の徹底的なスリム化を断行、再生への一歩を踏み出しています。

「何かを捨てないと前に進めない」はジョブズの言葉ですが、そうして優れた人間を強みの発揮できる製品に集中させることでiMacやiPodを生み出したのです。ドラッカーは言います。「昨日を捨てることなくして、明日をつくることはできない。優れた人材が昨日に縛り付けられていたのでは、彼らに活躍させることはできない」と。成長には過去との決別が不可欠なのです。

WORDS OF PETER DRUCKER 43

考えるのは行動するためである

「われわれの事業は何か。何になるか。何であるべきか」を考えるのは、知識のためではなく行動するためである。

▼『マネジメント』

ドラッカーは、企業が成長し続けるためには「自らの事業を定義」し、時に定義を見直すことが必要だと提言しています。同時にこうして「考え、検討する」ことが、単に「知識を得る」ためのものに終わり、「行動」につながらないことも危惧していました。

世の中にはやたらと会議を開き、問題を検討し、「こうしなければならない」という提案をすることが好きな人がいます。たしかに知識は豊富だし、分析も的を射ているのですが、「では実際にどうやってそれを実現するのか」となると、「それは自分の仕事ではない」と考えているのか、実行は「他人任せ」になり、自ら行動を起こすことはありません。しかし、これでは何も実現できません。ドラッカーは言います。

「『われわれの事業は何か。何になるか。何であるべきか』を考え、目標を検討するのは、知識を得るためではなく行動するためである」。

「100の説法より1つの実行」という言い方がありますが、ビジネスに必要なのは検討するだけでなく、実行できることなのです。

WORDS OF PETER DRUCKER 44

現場を目で見て納得しろ

自ら出かけ、
自ら現場を見ることを
当然のこととしない限り、
ますます現実から遊離する。

▼『プロフェッショナルの条件』

今の時代、わざわざ出かけなくても世界中の情報を得られるわけですが、それらをあまりに信じすぎると間違いを起こすことになります。

伊藤忠商事の元会長・丹羽宇一郎《ういちろう》さんは、穀物相場に関わっていた若い頃、干ばつで畑が砂地になったショッキングな写真を新聞で見ました。

それを見た人は皆、「大変な干ばつが起きている」と思い込み、穀物の買いに走りましたが、丹羽さんは「本当か」と思い、現地を見に行きました。

するとそれはごく一部で、ほとんどの畑は青々としていました。報道は嘘を報じたわけではありませんが、それはあくまで一部でした。以来、丹羽さんは「現場を見なければ本当のところは分からない」を信条とするようになりました。

報道に限らず、社内の報告などにも同じことが言えます。ドラッカーによると、「人の書いた報告書は、いかに優れていようとも、いかに立派な理論を駆使していようと、直接出かけて自分で観察することにはかなわない」のです。

現場を見ることは現実を知ることであり、報道や報告に踊らされることなく「何が正しいか」を判断する能力を磨くことでもあるのです。

WORDS OF PETER DRUCKER

45

迷ったら ユーザーの声を聞け

外の世界についての情報を得るには、
自ら客になり、セールスパーソンに
なり、患者にならなければならない。

▼『明日を支配するもの』

「つくり手の論理」と「使い手の論理」はよく違うと言われます。つくり手は「こんな機能を付ければ便利だろう」と思ってつくっても、使い手からすれば機能よりもっと簡単に使えて安い商品こそを求めているということがよくあります。本来、メーカーなどに勤めている人も「つくり手」の一方で他の商品の「使い手」でもあるわけですが、なぜか自分の仕事に関しては「つくり手の論理」が勝るというのが厄介なところです。

ドラッカーによると「医者として成長する最高の方法は、自ら患者として二週間ほど入院すること」だといいますが、たしかに医者は患者になって初めて患者の気持ちが分かるようです。ある事務機器メーカーでは、かつてコピー機などの開発を行うエンジニアを、コピー機を大量に使うコピーセンターに一週間くらい派遣していました。

すると、自分が自信を持って開発した機能がまったく使われず、自分たちが予想もしなかった使い方をユーザーがしているのを知り、さまざまな発見につながったといいます。

使い手や買い手の声に耳を傾けてこそ本当の意味で「つくり手のプロ」となることができるのです。

WORDS OF PETER DRUCKER

46

情報は同じ、行動は人さまざま

データの入手方法は知っているが、データの利用方法は知らない。

▼『実践する経営者』

今日のようにたくさんの情報が溢れ、誰もが簡単に情報を入手できる時代になると、「どうやって情報を入手するか」ではなく、手にした情報をどのように判断し、仕事にどのように生かすのかという能力が求められます。

アマゾンの創業者ジェフ・ベゾスは、金融系の企業に勤務していた頃、インターネットのすさまじい成長に気づき、起業に向けて動き始めていますが、当時、同じデータを目にしながら、ベゾスのように「すぐに行動しなければ」というほどの切迫感を覚えた人はいませんでした。

ベゾスが見たデータは特別なものではありませんでしたが、それほどに人は同じデータを目にしながらも、その利用方法は大きく異なってくるのです。

ドラッカーは言います。「若い経営者は、コンピュータに精通している。だが、情報に精通している経営者は少ない。データの入手方法は知っているが、データの利用方法は知らない」と。大切なのはデータを入手すること以上に、「データを入手したら取り組める仕事は何か」を考えることなのです。誰もがたくさんの情報を手にする中、その中から大切なものを見つけ出しすぐに行動した者だけが、成果を手にすることができるのです。

WORDS OF PETER DRUCKER

第五章

「学び続ける」ための言葉

WORDS OF PETER DRUCKER

47

チャンスは「準備している人」の所へ

成長には準備が必要である。
準備ができていなければ、
機会は去り、他所へ行く。

▼『マネジメント』

今やベテランの域に入ったある俳優は若い頃、病により急に降板した人気俳優の代役を務めることで、その後の飛躍へのチャンスをつかんでいます。突然の時代劇の主役だったにもかかわらず、その俳優さんが慌《あわ》てなかったのは、「いつか来るチャンス」に備えて乗馬や居合《いあい》といった時代劇に必要な訓練を欠かさなかったからだという話を聞いたことがあります。

チャンスはみんなに平等にあるわけではありません。チャンスがいつ訪れるかも誰にも分かりません。しかし、たった一つ言えるのは「チャンスは、それに値する者の扉だけを叩く」ということです。

ドラッカーがこう言っています。

「成長には準備が必要である。いつ機会が訪れるかは予測できない。準備しておかなければならない。準備ができていなければ、機会は去り、他所へ行く」。

ある日本の有名な映画監督が「何を撮るかが決まってから探しに行くようでは遅すぎる」と話していましたが、人は「○○をしたい」と口にする以上、そのための「準備ができている」ことが大切なのです。目の前にチャンスの女神が現れた時、慌てて準備を始めるようではあっという間にチャンスは走り去ってしまうのです。

WORDS OF PETER DRUCKER

48

「継続学習」が人生を豊かにする

少年期や青年期に学んだことは、
その後の人生において
そこから離陸すべきスタート台に
過ぎなくなる。

▼『イノベーターの条件』

学校を卒業して企業に就職すれば、以後は終身雇用、年功序列によって定年まで安定した人生を送ることができるという、かつて日本人の多くが信じていたストーリーが「夢物語」になってからかなりの月日が経ちます。とはいえ、今も学歴信仰は根強く、「いい学校」を卒業することこそ成功のパスポートと信じている人も少なくありません。

しかし、今の時代、AIの進化を始めとしてあまりに変化は激しく、うかうかしていると時代に取り残されてしまうのも事実です。そんな時代に人はどうすればいいのかについて、ドラッカーは早くから問題意識を持ち、こうアドバイスし続けていました。

「成人後も新しいことを一度ならず勉強することが常識となる」。

学生時代に学んだことは数年で陳腐化し、新たな理論や技能、知識を習得するために、人は「継続学習や自己啓発、キャリアについて責任を持たなければならなくなる」というのです。つまり、卒業や就職は「ゴールではなく新たな学びのスタート台」になるというのが、ドラッカーの今に通じるアドバイスです。人は成長し続けるためにも「学びの時間」を持ち続けることがとても大切なのです。

WORDS OF PETER DRUCKER 49

成績に頼るな、実行力を磨け

傑出した仕事をする者を
事前に知る方法はない。
もっとも頼りにならないものが
学校の成績である。

▼『イノベーターの条件』

サー・ウィンストン・チャーチルは第二次世界大戦中、イギリスの首相として連合国を勝利に導き、今も世界で最も尊敬される政治家の一人と言われています。

しかし、子ども時代のチャーチルはひどい劣等生で受験にも何度も失敗し、学校でも問題を起こして校長に鞭《むち》打たれたことがあるほどです。

そんなチャーチルのことを父親は「このままではみすぼらしくて不幸で無益な生活に転落する」と嘆いたほどですが、社会に出てからのチャーチルは素晴らしい政治家へと成長します。ドラッカーはこう言います。「歴史の本には、学校の

成績は優秀だったが、人生では何もできなかった人のことは出てこない」と。

学校の成績なんかどうでもいいということではありません。しかし、GEの伝説のCEOジャック・ウェルチが言ったように、学歴や成績だけを信用して採用を行うと「履歴書は企業にとって危険な武器になる」のです。

成果をあげるために必要なのは情熱とアイデアに満ち、かつ実行力のある人間なのですが、それは往々にして成績表や履歴書には表れにくいものです。成功には「成績」とは別のものが必要だと知ることも大切なのです。

WORDS OF PETER DRUCKER 50

人生100年時代をどう生きるか

30歳で就職した組織が、60歳になっても存続しているとは言い切れない。

▼『プロフェッショナルの条件』

この言葉はドラッカーが数十年前に書いたものですが、今という時代にあてはめても「たしかにその通り」と言うほかありません。

毎年、就活生が選ぶ人気企業ランキングが発表されますが、20年前、30年前と今を比べると、当時の人気企業の多くはランク外に去ったり、合併などにより名前を変えているところも少なくありません。あるいは、事業内容が大きく変わったという企業もあります。

これではドラッカーでなくとも、たとえば22歳で就職した組織が30歳、40歳になっても存続しているという確証はありませんし、そこに自分の居場所があるとも限りません。ましてやＡＩの進化によって働き方も仕事の中身も大きく変わろうとしている時代、私たちはどうすればいいのでしょうか？

ドラッカーが挙げているのが、①日常生活の中に継続学習を組み込む　②常により優れたことを行うように努める　③新しい仕事が要求するものは何かを考え抜く――ことです。

組織の寿命や職種の寿命より人間の寿命の方が長い時代、人は学び続け変わり続けることが何より大切なのです。

WORDS OF PETER DRUCKER 51

一生学び続けるために

私は、一時《いっとき》に一つのことに
集中して勉強するという
自分なりの方法を身に付けた。
今でもそのやり方を守っている。

▼『プロフェッショナルの条件』

ドラッカーによると、変化の激しい時代に成果をあげ続けるために必要なのは「継続学習」です。日本のビジネスパーソンについてしばしば言われるのが「若い時は勉強するのに、偉くなるにしたがって勉強をしなくなる」という指摘です。学生時代は一所懸命勉強をして、社会に出てからも最初は分からないことだらけなので勉強しますが、仕事に慣れ、出世するにつれ、過去の経験だけでものごとを考えるようになるというのです。

しかし、これではこれからの時代を生きていくことはできません。ドラッカーは世界的コンサルタントでしたが、それを可能にしたのは20歳の頃に大学に在籍しながら勤務していた新聞社での経験でした。記者にはいろいろな知識が求められます。そこでドラッカーは仕事を終えた後の時間を使って、さまざまなことを学び始めました。但し、「一時に一つのことに集中して勉強」をして、ある程度身に付いたなら、次のテーマに移るというやり方です。

このやり方をいくつになっても続けたことがドラッカーに成功をもたらしました。人はいくつになっても学ばなければなりませんが、最も良いやり方はやはり「集中」なのです。

WORDS OF PETER DRUCKER 52

教えることは学ぶことである

知識労働者は
自らが教える時に
最もよく学ぶ。

▼『プロフェッショナルの条件』

トヨタの特徴の一つに研修の内製化があります。多くの企業が研修を外部に任せるのに対し、トヨタは「何を教えるか」というプログラムはもちろん、講師も社内の人間が務めることになります。理由は「先輩が後輩を教えることがトヨタの伝統」だし、「現場のことを分かっていない人がいろいろ教えても役に立たない」からです。

さらに、講師を務めることには「教えるだけではなく、教えられることになる」というメリットもあるからです。経験として身に付けている知識や技能を分かりやすく後輩に伝えるというのは案外難しいものです。そのため、後輩を指導することで基本に戻って自らの知識を確実なものとし、自分の仕事を見直したり、新たな改善点を見出したりすることで、後輩だけでなく先輩も成長していくことができるというのがトヨタの考え方です。

ドラッカーは言います。「知識労働者は自らが教える時に最もよく学ぶ」と。変化の激しい時代、企業は常に新しいものを追い求める「学ぶ組織」にならなければならないと言われていますが、学ぶことを確実なものにしていくためにも、企業は「教える組織」にもならなければならないのです。

WORDS OF PETER DRUCKER

53

人は仕事を通して磨かれる

教育は
経験や知恵を与えることはできません。

▼『実践する経営者』

トヨタ式に「知識と知恵は違う」という言葉があります。「知識」はいわゆる学校や研修などを通して得られるものですが、「知恵」というのはその知識を実際の現場に活用し試行錯誤を通して身に付けるものという意味です。

知識が不要だということではありません。どんな仕事をするにしても知識は不可欠ですし、基礎的な知識と技能を抜きに仕事をすることはできません。しかし、それだけでは限界があり、人はやはり仕事を通してさまざまな経験をすることで知識を知恵に変え、自分を磨き成長させていくことになるのです。

これらのことを教えてくれるのがドラッカーの「教育は経験や知恵を与えることはできません」という言葉ですが、さらにドラッカーはこうも言っています。「教育はより多くの知識を与えはするものの、英知を与えることはほとんどない」。

こちらは「富と権力には責任が伴う」と同様に、「知識に関わる者は高度の倫理が求められる」という意味です。知識ある者には責任が伴います。知識ある者は経験を通して知識を知恵に磨き上げるだけではなく、常に責任ある行動をすることも求められているのです。

WORDS OF
PETER DRUCKER

第六章

組織とチームを活かすための言葉

WORDS OF PETER DRUCKER 54

「小さな強み」を集め「大きな強み」に

われわれは、
われわれ自身、われわれの仲間、
われわれの周囲に存在する
小さな強みに対して感謝しよう。

▼『経営の適格者』

優秀な人が時に陥《おちい》る失敗の一つに「すべてを自分で抱え込む」というものがあります。ある企業の経営者は管理職になったばかりの若い頃、問題を一人で抱え込んで大いに苦しんだ経験があります。

昇進までの仕事が高く評価され、成果もあげて自信があっただけに、何でも「自分で」と力が入り過ぎてしまったのです。周囲と歯車がかみ合わなくなり、がんばりも空回りして、ついには体調まで崩してしまいました。

そんな時、一人の先輩から「肩の荷は分かち合うものだよ」と諭《さと》されました。謙虚になって周囲を見渡せば、いろいろな能力を持った上司や先輩、同僚や部下がいたのに気付かないまま力んでいたのです。以来、問題や仕事は分割して、この問題は彼に頼めばいい、こっちの問題はあの人に相談してみようとなり、周囲はいくらでも力を貸してくれたのです。どんなスタープレーヤーも一人で敵陣突破をすることはできません。

われわれの周りには大きくはなくとも「小さな強み」を持つ人がたくさんいるのです。そんな小さな強みに感謝して、みんなの力と知恵を動員して進めば、案外大きな成果をあげることができるのです。

WORDS OF PETER DRUCKER 55

「伝えた」は相手が理解してこそ

コミュニケーションを成立させる者は、受け手である。

▼『マネジメント』

自分の考えている素晴らしいアイデアが相手に伝わらずに悔しい思いをしたことはないでしょうか。「こんないいアイデアなのに、どうして分かってくれないんだ」という気持ちになり、やがて「分かろうとしない」周りの人を恨んだりするようになります。「分かってもらえないのは相手が悪い」という考え方です。

しかし、相手をいくら罵《ののし》ったところで、自分のアイデアが伝わらなければ、それが実行されることはない以上、大切なのは「どうすれば分かってもらえるのか」を考えることです。コミュニケーションには「量」が必要ですし、「形を変える」ことも必要です。ある企業の経営者が改革に乗り出そうとしたところ、反対する人がほとんどでした。そこで、社員を少人数のグループに分け、根気よく何回も説明すると同時に、「改革したらこう変わる」という理想の姿をイラストに描き起こしてさらに説明を続けました。

自分のアイデアがどんな素晴らしいものでも、一度で伝わることばかりではありません。そんな時には「自分の工夫が足りない」と考えて、何度も、それも手を替え品を替えて根気よく説明を続けることです。コミュニケーションは相手が理解して初めて成立するものなのです。

WORDS OF PETER DRUCKER 56

全会一致は危険信号と心得よ

意思決定における第一の原則は、意見の対立をみない時には決定を行わないことである。

▼『マネジメント』

グーグルの元CEOエリック・シュミットによると、会議で警戒すべきは、提案に対してみんなが一斉にボブルヘッド人形のように首を振り賛意を示すことだといいます。理由は、異論なき賛同者に限って会議が終わると「実はあまり賛成じゃないんだけどね」などと言い出すというのです。

ドラッカーによると、GMを世界最大級の自動車メーカーに成長させた伝説のCEO、アルフレッド・スローンは、関係者全員の意見が一致している時には、決定を先延ばししていたといいます。理由は、正しい決定のためには意見の不一致が必要で、意見の対立があるからこそ、①問題やリスクを防ぐことができるし、②代案を手にでき、③みんなの想像力が引き出せる―からなのです。それを忘れて、自分の案だけが正しく、周りは間違っていると思いこんでしまうと「正しい判断」ができなくなってしまうのです。

大切なのは、なぜ他の人の意見が違うのかを明らかにすることです。そうやって異論に謙虚に耳を傾けることでアイデアはよりブラッシュアップされていくのです。「異論がなければ異論を見逃していると思え」は、すべての意思決定に欠くことのできない考え方なのです。全員一致は意思決定後の行動でこそ必要なのです。

WORDS OF PETER DRUCKER 57

真摯さを欠くと砂上の楼閣《ろうかく》になる

真摯《しんし》さよりも
頭の良さを重視する者を
マネジャーに任命してはならない。

▼『マネジメント』

人が成功するためには何が必要なのでしょうか。卓越した知性、それともずば抜けた行動力でしょうか。たしかにどちらも望ましい才能ですが、「世界一の投資家」と呼ばれるウォーレン・バフェットはこう言い切っています。

「知性、エネルギー、そして誠実さ。最後が欠けると、前の二つはまったく意味のないものになる」。

バフェットが関わる金融の世界には滅茶苦茶IQの高い天才が大勢いますが、中にはその知能を利用して不正に手を染める人もいました。頭も良くエネルギッシュでありながら、自分の報酬にしか関心のない強欲な人間は必ず問題を起こすし、彼らに安心して何かを任せることはできないというのがバフェットの見方です。

成果をあげるには、知性やエネルギーも必要ですが、それ以上に誠実さ、正直さが重要になってくるのです。

ドラッカーも同様の考え方をしています。成果をあげるには頭の良さも必要ですが、もしそこに仕事に対する真摯さ、誠実さが欠けていれば、「人として未熟」であり、その未熟さを克服しない限り、本当の成長も成果も望めないのです。

WORDS OF PETER DRUCKER **58**

チームワークは仲の良いケンカから

成果が何もなければ、温かな会話や感情も無意味である。とりつくろいにすぎない。

▼『プロフェッショナルの条件』

誰もが「ぎすぎすした職場」よりは「温かくおだやかな職場」で働きたいと考えるはずですが、時に後者は単なる「仲良しクラブ」となることもあるので注意が肝要《かんよう》です。

ある人が「チームワーク」についてこう言っていました。

「チームワークとは、単に皆が仲良く力を合わせてということではなく、より良いものをつくるために皆が意見を出し合い、意見を闘わせる。時にはケンカもする。良いと思ったことはどんどん遠慮なく提案する。そのようにして最良と思う道を決めたら、今度は心を合わせ、力を合わせ邁進《まいしん》すること。そういうチームワークを発揮しなければならない」。

つまり、意見のぶつかり合いや前向きな議論という「仲の良いケンカ」を経て初めて本当のチームワークは生まれるのです。ドラッカーが言うように「成果が何もなければ、温かな会話や感情も無意味である」のがビジネスの世界なのです。

たしかに、誰にとっても温かくおだやかな職場は理想ですが、そこから成果をあげていくためには、みんなが遠慮なく言いたいことを言える、時にぶつかり、しかしお互いを尊重し合う風土が必要なのです。

WORDS OF PETER DRUCKER 59

与件の中で最善を尽くせ

雇用関係は与件であって、
メンバーは変えられない。

▼『ネクスト・ソサエティ』

「与件の中で戦え」という言葉があります。

仕事をしていると「もっと会社の知名度があればなぁ」とか「もう少しお金が使えればなぁ」などと、「もっと〇〇なら」と愚痴を言いたくなることがありますが、現実にはそうした願いのほとんどは「ないものねだり」であり、ほとんどの人にとって「与えられたものの中でいかに戦い成果をあげるか」こそが問われることになるのです。

ドラッカーによると、オーケストラの立て直しを頼まれた指揮者に許される人事は、あまりにだらしない人や年をとりすぎた人の交代だけで、引き継いだメンバーの力を引き出しながら最高のものをつくり上げていくことこそが指揮者の役目となります。

それはビジネスにおいても同様で、たとえば新しく部署を率《ひき》いることになった管理職の中には、メンバーの総入れ替えを望む人もいるかもしれませんが、そんな願いが叶えられるはずはありません。

指揮者や管理職でなくとも「与件」は簡単に変えることはできません。しかし、やり方ややる気は変えられます。

与件の中で最善を尽くすことが何より大切なのです。

WORDS OF PETER DRUCKER 60

チームには信頼や理解が欠かせない

チームは一夜にしてならず。チームは相互信頼と相互理解でできている。

▼『チェンジ・リーダーの条件』

アメリカで数々のベンチャー企業を育ててきたあるベンチャーキャピタルによると、ベンチャー企業がお金を集めることが大変だった時代と違い、今の時代に足りないのはお金ではなく「良きチーム」だといいます。

グーグルやフェイスブック、アマゾンなどの仕事のやり方の特徴は、少人数のチームをいくつもつくり、すさまじいスピードで「考え、実行し、失敗したら再挑戦する」というサイクルを回すというものです。イノベーションを起こすためには10よりも100、100よりも1000のプロジェクトを進めた方がいいというのがこれらの企業の考え方ですが、その中心に欠かせないのが「良きチーム」の存在なのです。

とはいえ、良きチームは優れた人を集めて、「さあ、今日からこれをやって」と言えばできるというものではありません。良きチームには突出した人材よりも、不安や恥ずかしさを感じることなくリスクある行動ができることや、互いに信頼して仕事を任せることができるといった要素が不可欠なのです。ドラッカーの言うようにチームには相互信頼と相互理解が不可欠で、そのためには時間がかかると知ることも大切なことなのです。

WORDS OF PETER DRUCKER

61

問うべきは相性より貢献である

人に成果をあげさせるには、「自分とうまくいっているか」を考えてはならない。「いかなる貢献ができるか」を問うべきだ。

▼『経営者の条件』

「ある支配者の頭脳を推し量る時、第一になすべきは、彼が身近に置く人間たちを見定めることだ」は、『君主論』に出てくる言葉です。

著者のマキャベリはイエスマンや甘いことばかりを言う人を「追従者」と呼び、君主が犯しがちな過誤の一つとして「世の宮廷は追従者たちに満ちている」と厳しく指摘しています。

リーダーにも部下にもいろんなタイプがいます。「仕事ができるけれども使いにくい部下」もいれば、「仕事はあまりできないけれども上司にとっては使いやすい部下」もいます。そして後者を好み、後者ばかりを重用するリーダーもいれば、あえて前者の部下に仕事を任せようとするリーダーもいます。

ドラッカーによると、人事の間違いの一つは「秀でた仕事をする可能性があるのは誰か」ではなく「好きな人間は誰か」によって人事を行うことで、その結果、組織は情実《じょうじつ》となれ合いに向かい、優れた者は去るか意欲を失うことになるのです。

人事において大切なのは「好き嫌いではなく、何ができるかで人を選ぶこと」なのです。

組織は仲の良さではなく成果によって評価されるのです。

WORDS
OF
PETER
DRUCKER
62

時間のムダ遣いを恐れよ

書類仕事を減らすことの
メリットは、
人間関係に使う時間を
増やせることにある。

▼『ネクスト・ソサエティ』

首都圏にいくつもの保育所を展開する企業で、保育士さんたちの長時間残業が問題になったことがあります。

経営者が「残業禁止」を伝えてもうまくいきません。その原因を調べたところ、本社に送る報告書や保護者向けの書類作成が膨大で、かつ保育所にあるパソコンの台数があまりにも少ないことが分かりました。

そこで、報告書などの数を大幅に減らし、パソコンも増やしたところ、残業時間は減り、かつ子どもたちのために使う時間は大幅に増やすことができました。

書類仕事のすべてがムダというわけではありません。しかし、多すぎる書類仕事は子どもたちや顧客のために使う時間、あるいは現場での仕事に割く時間を確実に奪っていきます。

ドラッカーは言います。「組織のリーダーたる者は、将来性のある知識労働者のために時間を使わなければならない」と。優れた組織をつくるためには、働く人の潜在能力を見出し、それを伸ばすために時間を使うことが求められます。

「今この時間は何に使うことが最善なのか」を考えることも、成果をあげるためにはとても大切なことなのです。

WORDS OF PETER DRUCKER 63

自らを凌駕《りょうが》する部下を育てよ

部下に脅威を感じる者を昇進させてはならない。

▼『マネジメント』

経営者の使命の一つはもちろん成果をあげることですが、もう一つは優秀な後継者を育てることです。にもかかわらず、中には自らの座を脅かしそうな優秀な人を遠ざけ、出世レースから外してしまう人もいます。

自分にとっては安心できる体制かもしれませんが、企業にとっては後を託せる人がいないという危機でもあります。

ホンダの創業者・本田宗一郎さんがある時、人事の責任者に「君が手に負えないと思う者だけ採用してみては」と提案したことがあります。面接官が気に入る学生ばかりなら、どんなに頑張ったところで面接官レベルです。反対に「こいつは手に負えない」と思ったなら、それ以上に伸びるのではというのが本田さんの人材観でした。

ドラッカーは言います。「部下に脅威を感じる者を昇進させてはならない。そのような者は人間として弱い」。自信のない上司は、とかく自分より劣る人間や従順な人間を側に置きたがりますが、それでは会社は成長どころか縮小均衡へと向かうことになってしまいます。

企業の成長に必要なのは「上司を凌駕する部下」であり、「会社の枠を超えるほどの部下」を採用し育てることなのです。

WORDS OF PETER DRUCKER 64

価値観の変化に気をつけろ

成果をあげるためには、働く者の価値観と組織の価値観がなじむものでなければならない。

▼『明日を支配するもの』

価値観が変わると企業には変化が訪れます。たとえば、「革新的な製品をつくる」ことを価値観とする企業が売上げや利益重視の価値観に変わると、そういうタイプの人が増え、その企業から革新的な製品は生まれなくなります。それほどに企業にとって価値観は大切なものなのです。

ドラッカーによると、働く者にも組織にも価値観があり、その価値観は同じである必要はないものの、共存できるものでないと、「心楽しまず、成果もあがらない」ことになります。

たとえば、成績はいいものの価値観を共有できない社員と、成績はそこそこだが価値観を共有している社員のどちらを選ぶかと言えば、後者でなければならないというのがドラッカーの考え方です。

それは社員も同様で、ドラッカー自身、ロンドンの投資銀行で働いていた頃、強みを発揮して順風満帆だったものの、「お金よりも社会への貢献」に価値を見出す自分と会社の価値観が合わないことで退社を決意しました。のちに、「正しい行動だった」と振り返っています。

人や組織が成果をあげるうえで価値観はとても大切なものですが、同時に両方の価値観が共存してこそ好ましい職場となり、成果にもつながるのです。

WORDS OF PETER DRUCKER

65

「より大きく」より「より良く」を

企業そのものは、
より大きくなる必要はないが、
常により良くならなければならない。

▼『マネジメント』

1950年代半ばのことですが、パナソニック（旧・松下電器産業）の創業者・松下幸之助さんが、若い社員から「会社をどこまで大きくしたいと考えておられるのですか」と質問され、こう答えています。

「どこまで大きくするかという答えは、私たちの働きの態度を見て、社会がこれを決めてくれるものです」。

企業も人も、自分の望み通りに成長できるとは限りません。社会のためにならないと世間が判断すれば、存在は許されなくなりますし、反対に社会のために懸命に努力を続けていれば、際限なく発展できるというのが松下さんの考え方でした。

もちろん、成長のための5カ年計画などが不要ということではありません。しかし、あまりに「売上げ何百億円」「販売台数何百万台」といった「規模の追求」ばかりが先に立つと、時に最も肝心な「お客さまのためにより良いものをつくる」のが疎《おそろ》かになることもあるのです。

そうならないためには「目指すべきは『より良い製品やサービスをつくる』ことであり、規模はその結果と考えることが大切だ」とするのがドラッカーの考え方でした。

個人も目指すべきは「より良く」であり、その積み重ねが成功をもたらすのです。

WORDS OF PETER DRUCKER

第七章

イノベーションを起こすための言葉

WORDS OF PETER DRUCKER 66

望む未来のために今、動き出せ

未来は望むだけでは起こらない。今、意思決定を行い、今、行動し、リスクを冒《おか》さなければならない。

▼『マネジメント』

企業の経営者でも個人でも、「いつかこうなりたいなあ」と願ったことがあると思います。人は誰でも幼い頃からたくさんの夢を思い描きますが、その夢のほとんどは、待っているだけでは実現しないのもたしかです。

まだ大型コンピュータしかなかった時代に「パーソナルコンピュータ」という概念を提唱、のちにスティーブ・ジョブズのアップルにフェローとして加わったアラン・ケイの有名な言葉があります。

「未来を予測する最善の方法は、それを発明することだ」というものですが、つまりこれは未来を予測して、その実現を期待して待つのではなく、自らつくり上げてしまえばいいという意味です。

事実、アップルがつくり上げた「マッキントッシュ」などによってパーソナルコンピュータの時代が切り開かれることになりました。

ドラッカーはこう言います。「未来は望むだけでは起こらない」と。では、望む未来を手にするためには何が必要なのでしょうか。

それは、今、意思決定を行い、今、行動し、リスクを冒すことなのです。未来は「ただ待つ」のではなく、自ら「行動しながらつくり上げていく」ものなのです。

WORDS OF PETER DRUCKER

67

他人にではなく、自分で自分を食え

イノベーションに優れた会社は、
競争相手によって
陳腐化させられるのを待たずに、
自ら陳腐化させ、廃棄することを選ぶ。

▼『実践する経営者』

「イノベーションのジレンマ」という言葉があります。優れた製品などをつくり、市場に変革を起こした企業が、成功をもたらした製品に固執するあまり、技術革新の波などに乗り遅れ、他の企業によって市場を奪われ、衰退へ向かう現象を指しています。

フィルムカメラ時代の覇者コダックが、デジタルカメラによって経営危機に追い込まれた事例などがよく知られています。

イノベーションのジレンマに陥らないために企業が心がけるべきは「自分で自分を食う」というやり方です。携帯型デジタル音楽プレイヤーｉＰｏｄで大成功をおさめたアップルが音楽の再生機能なども持つ「ｉＰｈｏｎｅ」を開発したり、紙の本を売ることで成長したアマゾンが電子書籍に乗り出し、「キンドル」などを開発したケースがこれにあたります。

スポーツの世界でも、前年に活躍した選手が翌年は徹底的にマークされ思うような成績が残せないことがよくあります。

勝ち続けるためには「去年と同じ」ではなく相手の研究を上回るスピードで進化し続けることが必要なのです。

ビジネスにおいても成功は心地よいものですが、「同じ成功を繰り返さない」こともまた大切なのです。

WORDS OF PETER DRUCKER

68

成功には「情熱」が欠かせない

未来に何かを起こすには
勇気を必要とする。
努力を必要とする。
信念を必要とする。

▼『チェンジ・リーダーの条件』

アップルの創業者スティーブ・ジョブズのところには生前、起業家を夢見る若者がしばしば相談に訪れました。

そんな若者に対し、ジョブズは「何のために起業したいのか？」「どんなアイデアがあるのか？」と質問して、たいしたアイデアを持たない若者には「情熱を注げるアイデアが見つかるまで、皿洗いでもやったらどうだ」と突き放したといいます。理由は「情熱がたっぷりなければ生き残ることはできない」からでした。

起業に限ったことではありませんが、アイデアを実現しようと動き出したとしても、そこに「何が何でもやり抜こう」

という情熱がなければ、少しの失敗でも挫折して投げ出してしまうからです。

ある企業で一人の社員がある事業の提案をしたところ、周りからは反対の声ばかりでした。そんな社員に、創業者は「みんなの声をよく聞きなさい」と話を聞かせたうえでゴーサインを出しました。

理由はみんなの反対意見にもかかわらずその社員には「やりたい」という情熱と行動力があったからでした。

挑戦にはリスクが伴いますが、それを乗り切ることができるのは、ドラッカーが言うように「ビジョンに対する全人的な献身と信念」なのです。

WORDS
OF
PETER
DRUCKER

69

ユーザーに聞くな、自らに聞け

まったく新しいものについて、市場調査することはできない。

▼『チェンジ・リーダーの条件』

「ユーザーは、どんな大革命が起きるかまでは教えてくれない」は、アップルの創業者スティーブ・ジョブズの言葉です。

たしかに、マッキントッシュのような革新的な製品は、パーソナルコンピュータを触ったこともない人たちに「どんなコンピュータが欲しいか」と聞いたところで生まれるはずがありませんでした。

まったく新しい製品を世に問う時、頼りになるのは「これはすごいものになる」という、自分の信念だけなのです。

ドラッカーも言っているように「まったく新しいものについて、市場調査することはできない」わけですが、ではユーザーの声など無視していいかというとそうではありません。

ホンダの創業者・本田宗一郎さんによると、「大衆は作家ではなく批評家」であり、世に出た新しいものについては「良いか悪いか」を的確に判断する力を持っていますし、「もっとこうして欲しい」という「改善のヒント」も与えてくれる存在なのです。メーカーが予期しなかった「思いがけない使い方」を教えてくれることもあります。大切なのは大衆の声をしっかりと踏まえ、しかし市場調査に踊らされることなく新たなものを生み出していくことなのです。

WORDS OF PETER DRUCKER 70

未来への投資を怠るな

チェンジ・リーダーたるためには
二つの予算が必要である。
一つが現在の事業のための予算、
もう一つが未来のための予算である。

▼『明日を支配するもの』

グーグルの働き方でしばしば取り上げられるのが「20%ルール」です。

エンジニアは、どんなことでもかまわないので自分が熱意を持っていること、試してみたいアイデアのために就業時間の20%を使っていいという仕組みです。

言わば、80%は「今の成果」のために使い、残りの20%は「未来の成果」のために使うというもので、そこから生まれたたくさんのアイデアが、今日のグーグルの成功をもたらしているのです。

ドラッカーは「予算」についても、「現在の事業のための予算」と「未来のための予算」が必要だと考えていました。


前者は景気の好不況によって変動しますが、後者は好不況に関わらず全予算の10～20%を割くことが必要で、長期的な視点で取り組んでこそ、やがて大きな成果を生みだすことになるというのです。

たとえば、企業が時に行う「聖域なきリストラ」はすべてをカットしようとしますが、そんな時でも一定のレベルを守ることで、未来につなげるというのが「未来のための予算」なのです。

今日、今を生きるのが精一杯という人や企業がほとんどですが、望む未来を築き上げるためには、未来のために少しでも時間やお金を使うことが必要なのです。

WORDS OF PETER DRUCKER

71

小さく始めろ、やがて大きくなる

新しいもの、改善したものは、すべて小規模にテストする必要がある。

▼『明日を支配するもの』

何かを変えようとする時、「大胆に」変えようとする人がいますが、「すべて小規模にテストする必要がある」というのがドラッカーの考え方です。

IT関連であれば、新製品を発売する前に「ベータテスト」による性能や使い勝手などの検証を行います。限られたユーザーに利用してもらい、そこで見つかった不具合を丁寧に解消することで、新製品はより完璧な状態で発売できるからです。

トヨタ生産方式でも、大がかりな改革を行う前には、たとえば五本ある生産ラインのうち一本だけを「モデルライン」として新しいやり方を試み、問題点を徹底して改善して「これで良し」となって初めて他のラインへと展開します。

最初からお金をかけて大がかりな改革をしてしまうと、何か問題があってでも「これだけお金をかけたから今さらやめられないよ」となるだけに、最初は「あまりお金をかけずに小さく始める」というのもイノベーションを成功させる一つの方法です。個人でも、アイデアがあったらまずはあまりお金をかけずに小さく始めてみることです。そうすれば問題に気づくこともできるし、「こうすればもっと良くなる」と気づき、飛躍へのヒントを得ることができるのです。

WORDS
OF
PETER
DRUCKER

72

目標は常に遠大であれ

イノベーションに成功するには、
最初からトップの座を
狙わなければならない。

▼『プロフェッショナルの条件』

「イノベーションに成功するためには、小さくスタートしなければならない」というのがドラッカーの考え方です。あまりに大がかりなものは、人も時間もお金もかかるため失敗のリスクが大きく、問題が起きても変更が遅れがちになりますが、小さく始めることができればリスクも小さく、しかしチャンスへの迅速な対応も可能になるからです。

　但し、「小さく始めた」からといって「いつまでも小さくいていい」わけではありません。スタートは小さくとも「最初からトップの座を狙え」というのがドラッカーのアドバイスです。

ソフトバンクグループを率《ひき》いる孫正義《そんまさよし》さんは大学卒業後、前身となるユニソン・ワールドを設立、何の商売を始めるかについて40ものアイデアを考え、綿密な比較検討を行っています。理由は「いずれ何兆円規模の会社にしてみせる」と考えていたからです。

　どこまで成長できるかは、掲げる目標の大きさによって変わってきます。ある競技監督によると、「金メダルを目指して銅メダルになることはあっても、銅メダルを目指して金メダルが獲れることはない」のです。

WORDS OF PETER DRUCKER

第八章

リーダーのための言葉

WORDS OF PETER DRUCKER 73

「言行一致《げんこういっち》」こそリーダーの条件

リーダーが公言する
信念と行動は
一致しなければならない。

▼『プロフェッショナルの条件』

「知行合一《ちこうごういつ》」という言葉があります。「知識」と「行動」は一体のものであり、「知識」には必ず「行為」が伴わなければならないという考えで、幕末に活躍した吉田松陰や西郷隆盛などにも大きな影響を与えています。

「知っていること」と、「それを実行すること」がなかなか一致しないように、「口にしたこと」と「それを実行すること」を一致させるのもなかなか難しいものです。しかし、人を率いる立場のリーダーに関しては「公言する信念とその行動は一致しなければならない。少なくとも矛盾してはならない」というのがドラッカーの指摘です。

「部下は上司を三日で見抜く」という言葉があります。上司が新しい部下の性格や能力などを見抜くのにはそれなりの時間がかかりますが、部下はごく短時間で上司が信頼に値する、共に仕事をするに相応《ふさわ》しい人かを簡単に見抜くというのです。

リーダーに必要なのは「言行一致《げんこういっち》」です。それは、部下が「リーダーの言うことは何でも同意できる」ということではなく、リーダーの言うことが「真意である」とみんなが信じることです。そしてそれは「言葉」と「行動」の一致によって得られるものなのです。

WORDS OF PETER DRUCKER

74

利益を追うな、後からついてくる

利益は
結果としてもたらされるのであって、
最初に考えるべきことではない。

▼『チェンジ・リーダーの条件』

この20年くらいの間に成功を収めた企業、特にＩＴ企業の特徴の一つは、「利益よりも成長を重視する」ところにあります。企業にとってたしかに「利益」は欠かせないものであり、利益があるからこそ次への投資もできるわけですが、ＩＴ企業の場合は、まずは成長によって市場シェアを拡大することを優先し、利益どころか赤字さえ気にもしないところがあります。

「利益は企業の血液だが、企業の存在理由ではない」が、アマゾンの創業者ジェフ・ベゾスの考え方です。ベゾスとは少し違いますが、パナソニックの創業者・松下幸之助さんの口癖は「なんぼ儲かるかよりも、みんなが喜ぶやろうなあと考える」でした。松下さんによると、お金は自然に儲かるのがいいことで、自然に儲かるためには、「お客さまが喜ぶ顔を思い浮かべながら仕事をするのが一番だ」となります。

ドラッカーによると、お金に無頓着である必要はないものの、貪欲《どんよく》に利益を追求するのは間違った態度となります。利益だけを追い求めた企業が、やがて無惨な苦境に陥ることはよくあり、逆に「お客さんのために」という使命が加わると企業は強くなることができるのです。

WORDS OF PETER DRUCKER 75

まず自分にできることをやれ

有能な人物は、「他の人々はどんな仕事をしていなければならないか」と問う前に、「自分にできることは何か」という設問から出発する。

▼『経営の適格者』

チームで仕事をしていると、メンバーのみんなが有能ということはありません。思うように動いてくれない人たちを見ながら、あなたがリーダーであれチームの一員であれ、「あーあ、あの人たちがもうちょっとちゃんと仕事をしてくれればもっと成績も上がるのになあ」などと愚痴ったことはないでしょうか。

たしかにどんな組織でも、みんなが有能で、みんなが期待通りに動いてくれればこれほど楽なことはありませんが、そんなことは現実には起こりません。そんな時、「有能な人物」はどうするのでしょうか。ドラッカーは言います。

「有能な人物は、『他の人々はどんな仕事をしていなければならないか』と問う前に、『自分にできることは何か』という設問から出発する」。

「昨日と他人は変えられないが、明日と自分は変えられる」という言葉があります。誰かが思い通りに動いてくれないからといって、その人を変えるのには大変な労力が必要です。まずは変えられない他人についてとやかく言う前に、「自分ができること、やるべきことは何か」を問いかけて行動することです。

やがてはその行動が周りの人に影響を与え、周りを変えていくと信じることです。

WORDS OF PETER DRUCKER 76

目的は一つ、手段はいくつもある

判断を行うためには、いくつかの選択肢が必要である。

▼『プロフェッショナルの条件』

山に登るために登山ルートがたいていいくつかあるように、ある目的を達成するための手段はいくつもあるというのがトヨタの考え方です。

ある日、若いトヨタ社員が問題を解決するための素晴らしいアイデアを思い付きました。その社員はアイデアの詳細を詰めて行動計画をつくり上司に提案しました。ところが、上司は「これはすごいね」とほめるのではなく、「君はこのアイデアに決めるまでに、いくつのアイデアを考えたんだい？そしてその中からこれを選んだ理由は何だい」と質問したのです。

私たちは素晴らしいアイデアを思い付くと、ついその凄《すご》さに酔いしれて「比較検討」を忘れるところがあります。

しかし、最善の判断を行うためには常に複数の選択肢を持ち、それぞれにいろいろな角度から比較検討を行ってこそ、何が良くて何が問題かも分かるし、「正しい洞察が得られる」というのが、ドラッカーの考え方です。

目的を達成するための手段はいくつもあるにもかかわらず、一つのアイデアだけで動いてしまうと、あとになって「実はもっと安く簡単にできる方法があった」と慌《あわ》てることもあるのです。

WORDS OF PETER DRUCKER 77

「嫌われ役」を買って出ろ

決定には判断と同じくらい勇気が必要である。

一般的に、成果をあげる決定は苦《にが》い。

▼『プロフェッショナルの条件』

「あと5分余計に考えろ」、はある創業者が若い頃から実践してきたやり方です。重要な決断をしなければならない時、「よし、これでいこう」と「即断」するのではなく、「あと5分」考えるというのです。

迷っているわけではありません。そうではなく「これは本当に正しいのか？」「見逃していることはないのか？」と自らに問いかけることで「よし、これでいい」となったら決断し、果敢に実行するというのが、その創業者のやり方です。

ドラッカーによると、決定の準備が整った時こそが「決定が行方不明になる時」だといいます。理由は、その決定が周りの人にとって愉快ではなく、評判も良くなく、決定が容易でないと分かるからです。

改革というのは往々にして痛みを伴い、反対が付き物です。賛成はせいぜい二割で、あとは反対か日和見だけに、何かを決め実行する時はこれらの反対を押し切る覚悟も必要なのです。

ドラッカーは言います。「成果をあげる決定は苦い」だけに、反対されるのが嫌で「もう一度調べよう」などという誘惑には負けてはいけない、と。決断力のなさは有能な人たちの時間をムダにします。決定には「勇気」が必要なのです。

WORDS OF PETER DRUCKER 78

「努力する才能」は天才を凌駕《りょうが》する

必要なのは
天才ではなく、勤勉さである。
賢さではなく、問題意識である。

▼『チェンジ・リーダーの条件』

苦境に陥った企業の再生というと、たとえばスティーブ・ジョブズのような天才を探すというのが理想なのかもしれません。しかし、現実にはそんな天才はほとんどいません。

「天才ではなく勤勉さ、賢さよりも問題意識」を持った人間の方が望ましいというのが、ドラッカーの考え方です。

「世界一の投資家」と呼ばれるウォーレン・バフェットが好むのは、MBAを取得した頭のいい人よりも「仕事への熱意にあふれる人物」です。

ある時、安売り婦人服のチェーン店を買収したバフェットは、一人の熱意溢《あふ》れる経営者に店の経営を任せました。その人はトイレに各店舗の売上げを貼り、用を足しながらでも数字を比較し、パーティーなどで競合店の経営者からトイレットペーパーの仕入れ値を聞くと、店に駆け戻るような人物でした。

しかし、そのお陰で20年間にもわたって素晴らしい成果をあげ、バフェットの期待に応え続けてくれました。

成果をあげるために必要なのは「天才ではなく勤勉さであり、賢さではなく問題意識」なのです。

そんな一見平凡な人こそが、非凡な成果をあげることができるのです。

WORDS OF PETER DRUCKER

79

「正しさ」に固執するな、判断を誤る

マネージャーに報酬が支払われているのは、
判断力に対してであって
判断に間違いはないと
信じることに対してではない。

▼『イノベーションと企業家精神』

日本の官僚組織や大企業で無意識に前提とされているものの一つに「無謬性《むびゅうせい》の原則」があります。難しい言葉ですが、意味は「あるプロジェクトを成功させる責任を負った当事者は、そのプロジェクトが失敗した時のことを考えたり議論してはいけない」というものです。

つまり、担当者は成功のことだけを考え「もしうまくいかなかったらどうするか」を考えてはいけないということです。

豊臣秀吉が朝鮮に兵を送った時、リーダーを務める石田三成が軍議の場で漢城府（ソウル）に進む計画を示しました。それについて小早川隆景《こばやかわたかかげ》は三成の案は「勝ち戦」しか想定しておらず、「負け戦」についても思案しておかないと大変なことになると進言しました。言われた三成は「もっともだ」と思い直し、敗れた時に退却するための城を各所に用意したお陰で負け戦の中、秀吉軍は何とか安全に退却することができたのです。

誰しも自分の計画や判断に対して自信を持ち、「絶対にうまくいく」と考えたいものですが、計画には障害が付き物です。プロジェクトなどのリーダーに求められるのは「正しさ」への固執ではなく、間違いや失敗を想定し、受け入れたうえで「正しい判断」をすることなのです。

WORDS OF PETER DRUCKER 80

結果は自分の目で確かめろ

決定を行った者が
自分で出かけて確かめることが、
唯一の信頼できる
フィードバックである。

▼『プロフェッショナルの条件』

ある映画で、こんなやり取りがありました。犯人の立てこもる山荘に警官隊が突入するにあたり、責任者は部下に「電線を切っておくように」指示しました。

ところが、突入が近づいても電線はそのままでした。驚いた責任者が指示した部下を「電線を切れと言ったじゃないか」と問い詰めたところ、返ってきたのは「切るように業者に言ったのですが」という返事でした。

部下は、業者に「伝えた」けれども「切った」という確認はしていません。責任者も、部下に「切れ」と指示はしましたが、「切ったか」と聞いてもいませんし、確認もしていませんでした。

ドラッカーによると、軍隊では命令を出した将軍は、命令を受けた部下からの報告をあてにせず、自ら出かけるか、副官に命令が実行されたかどうかを確認させるというのです。命令がそのまま実行されることは少なく、命令の実行には必ず「確認」が必要だというのが軍のやり方であり、ドラッカーも同じ考えです。

どんな小さなことであれ、仕事を依頼したり、命令をした以上、その結果は、自分の目で確認するのが仕事のセオリーです。仕事を誰かに依頼して「できていない」場合、その責任は依頼先ではなく、依頼者自身にあるのです。

「ドラッカー」参考文献

以下はいずれもP・F・ドラッカーの著作です。

『ドラッカー名著集1　経営者の条件』(上田惇生訳・ダイヤモンド社)
『ドラッカー名著集5　イノベーションと企業家精神』(上田惇生訳・ダイヤモンド社)
『ドラッカー　経営の適格者』(日本事務能率協会編・日本経営出版会)
『エッセンシャル版　マネジメント』(上田惇生編訳・ダイヤモンド社)
『ドラッカー選書2　創造する経営者』(上田惇生訳・ダイヤモンド社)
『ネクスト・ソサエティ』(上田惇生訳・ダイヤモンド社)
『プロフェッショナルの条件』(上田惇生編訳・ダイヤモンド社)
『チェンジ・リーダーの条件』(上田惇生編訳・ダイヤモンド社)
『イノベーターの条件』(上田惇生編訳・ダイヤモンド社)
『実践する経営者』(上田惇生編訳・ダイヤモンド社)
『明日を支配するもの』(上田惇生訳・ダイヤモンド社)

その他の著作

『1分間ドラッカー』(西村克己著・SBクリエイティブ)

桑原《くわばら》 晃弥《てるや》

1956年、広島県生まれ。経済・経営ジャーナリスト。慶應義塾大学卒。業界紙記者などを経てフリージャーナリストとして独立。トヨタ式の普及で有名な若松義人氏の会社の顧問として、トヨタ式の実践現場や、大野耐一氏直系のトヨタマンを幅広く取材、トヨタ式の書籍やテキストなどの制作を主導した。一方でスティーブ・ジョブズやジェフ・ベゾスなどのIT企業の創業者や、本田宗一郎、松下幸之助など成功した起業家の研究をライフワークとし、人材育成から成功法まで鋭い発信を続けている。著書に『スティーブ・ジョブズ名語録』（PHP研究所）、『スティーブ・ジョブズ結果に革命を起こす神のスピード仕事術』『トヨタ式「すぐやる人」になれるすごい仕事術』（ともに笠倉出版社）、『ウォーレン・バフェット巨富を生み出す7つの法則』（朝日新聞出版）、『トヨタ式5W1H思考』（KADOKAWA）、『1分間アドラー』（SBクリエイティブ）、『amazonの哲学』『トヨタはどう勝ち残るのか』（ともに大和文庫）などがある。

イラスト　田渕正敏
デザイン　宮下ヨシヲ（サイフォン グラフィカ）
DTP　萩原正穂・馬場善宣（アクト）
校正　土井明弘
編集　山田吉之（リベラル社）
編集人　伊藤光恵（リベラル社）
営業　津村卓（リベラル社）

編集部　渡辺靖子・堀友香・須田菜乃
営業部　津田滋春・廣田修・青木ちはる・澤順二・大野勝司・竹本健志
制作・営業コーディネーター　仲野進

自分を活かし成果を出す ドラッカーの言葉

2020年 2月27日 初版
2021年 8月 2日 再版

著　者　桑 原　晃 弥
発行者　隅 田　直 樹
発行所　株式会社 リベラル社
〒460-0008　名古屋市中区栄3-7-9　新鏡栄ビル8F
TEL 052-261-9101　FAX 052-261-9134
http://liberalsya.com

発　売　株式会社 星雲社（共同出版社・流通責任出版社）
〒112-0005　東京都文京区水道1-3-30
TEL 03-3868-3275

 ISBN978-4-434-27167-0　C0034
　11002